MANFRED GERNER · SCHNEELAND TIBET

Manfred Gerner

Schneeland Tibet

བོད་གངས་ཅན་ལྗོངས།

China Studien- und Verlagsgesellschaft
Frankfurt/Main

China Studien- und Verlagsgesellschaft
Frankfurt am Main 1981

Umschlaggestaltung und Ausstattung:
Pit Mischke / Berlin

Satz und Reproduktion: Bernd Deter / Frankfurt am Main

Druck und Binden: Parzeller + Co, Fulda

ISBN 3 922373 73 9

Inhalt

Schneeland Tibet

Das verbotene Tibet und seine ebenso verbotene Hauptstadt Lhasa haben ihre Pforten einen Spalt breit geöffnet. Jahrelang war es still geworden um das Land auf dem Dach der Welt, der seit 1965 autonomen Region Tibet in der Volksrepublik China. 1980 ist Tibet wieder in die Weltöffentlichkeit gerückt. Spekulationen um eine Rückkehr des Dalai Lama, der Protest von Tibetern, wirtschaftliche Schwierigkeiten des Landes und der Einlaß einer Reihe von Journalisten sowie Reisegruppen haben zur Aktualität beigetragen.

Mit der ersten deutschen Reisegruppe Anfang Juni 1980 konnte auch der Autor in Tibet einreisen, Eindrücke vom "Neuen Tibet" sammeln und sich ein Bild von den Veränderungen der vergangenen 30 Jahre machen. Als Vergleich ist Ladakh (Westtibet) heranzuziehen, das unter indischer Herrschaft die traditionelle tibetische Kultur beibehalten hat. In Tibet steht der mit großen Mühen vorangetriebenen Erschließung des Landes sowie dem Aufbau von Schul- und Medizinalwesen, Kommunikationsmedien und einer Klein- und Mittelindustrie die Gefahr des Untergangs der auf der Basis des tibetischen Buddhismus ruhenden Kultur entgegen.

Das klassische Tibet ist trotz der Reiseschwierigkeiten in den vergangenen Jahrhunderten weitgehend erforscht worden. Dort, wo man nicht nach Tibet hineinkonnte, wurden die Forschungen von außerhalb betrieben. So sandten die Briten bereits in der Mitte des 19.Jahrhunderts für Forschungszwecke ausgebildete "Pilger" nach Tibet und Günther Schüttler z.B. erforschte das Geheimnis der Orakelpriester an Orakeln, die sich außerhalb Tibets aufhielten. Die Literatur ist umfangreich und in zwei große Gruppen einzuteilen: wissenschaftliche Primärliteratur, meist zu Einzelproblemen, und Reisebeschreibungen, die oft malerisch ausschweifen, andererseits aber als Hintergrunddarstellung mit farbigen Schilderungen von Land und Leuten die Forschungsergebnisse erst ins rechte Licht rücken. Im Literaturverzeichnis sind beide Gruppen nebeneinander vertreten. Zur Bewahrung größtmöglicher Authentizität wurden wichtige Aussagen bzw. Dokumente in gebotener Kürze zitiert.

Da Tibet sich in der größten Wandlung seiner Geschichte befindet, war es z.B. bei der Beschreibung der Tibeter in Kapitel II schwer, Vergangenheit und Gegenwart zu trennen. Es wurde versucht, in den ersten 5 Kapiteln alles noch Gültige im

Präsens darzustellen, während Verändertes in der Vergangenheit erscheint.

Große Schwierigkeiten hat weiter die Schreibweise der tibetischen Begriffe gebracht, da Lautschrift und Umschrift weit voneinander abweichen und die Buchstaben bei der oft vorkommenden Anhäufung von Konsonanten unterschiedlich ausgedrückt werden. Um das Buch gut lesbar zu gestalten, wurde im Text deshalb die Lautschrift verwandt und nur im Glossar die Umschrift des Tibetischen in Klammern angefügt. In der Lautschrift ist die Schreibweise in der Literatur leider sehr unterschiedlich. So wird für das tibetische Br sowohl d als auch dr gebraucht. Nach der Sinisierung der tibetischen Sprache — allein für 100 000 Begriffe aus Wissenschaft und Technik mußten tibetische Wörter geschaffen werden — wird sich wohl das jetzt schon häufiger gebrauchte d durchsetzen. Vielfach wurde jedoch auch hier die gebräuchlichere Form, wie z.B. bei "Drepung" verwandt.

Das Ziel des vorliegenden Bandes ist es, eine möglichst umfassende Information über das teilweise vergangene Tibet und die Veränderungen der letzten Jahrzehnte zu geben, in der Hoffnung, auf diese Weise Verständnis und Aufmerksamkeit für die Tibeter zu gewinnen.

Frankfurt am Main, im Dezember 1980
Manfred Gerner

I.

Land auf dem Dach der Welt

Geologische Entwicklung im Herzen Asiens

Der Himalaya, das "Dach der Erde", ist nicht nur das höchste, sondern auch das jüngste Faltengebirge der Welt. Nach der Kontinentalverschiebungstheorie von Alfred Wegener bewegen sich die Kontinente als "schwimmende Schollen" auf dem Erdmagma. Auf dieser Hypothese läßt sich der Ursprung der jungen geologischen Bildung des Himalaya logisch folgern. Dort, wo sich heute die höchsten Berge erheben, lag noch zu Beginn des Tertiär ein Meer, das man später, als es längst verdrängt war, "Himalayameer" nannte. Im Süden dieses Meeres "schwamm" die mächtige "Gondwanascholle", der indische Subkontinent, zu der jedoch noch weitere große Landteile, die heutigen Südkontinente gehörten. Diese Erdscholle bewegte sich langsam nordostwärts und zerspaltete sich dabei. Der Subkontinent verdrängte schließlich das Himalayameer und stieß gegen die mit gewaltigen Gebirgszügen — dem heutigen Kunlun-, Nanschan- und Tanglagebirge — nach Süden gepufferten asiatischen Festlandmassen. Unter dem Druck entstand im Eozän vor rund 50 Millionen Jahren die erste Auffaltung auf rund 3000 m Höhe. Der Himalaya war geboren. Der Druck aus der Kontinentaldrift des Subkontinents hielt jedoch weiter an und in der für die erdgeschichtliche Entwicklung jüngsten Zeit faltete sich der Himalaya auf knapp 9000 m, annähernd seine heutige Höhe, auf. Mit der Hebung entstanden gleichzeitig starke Bruchlinien und Veränderungen in den schon älteren Gebirgen im Süden Asiens. So sanken im Zusammenhang mit den Auffaltungen das Tsaidambecken auf 2600 m und das Tarimbecken auf 800 m über dem Meeresspiegel, die Turfandepression sogar auf 150 m unter den Meeresspiegel ab. Der Druck des Subkontinents Indien auf das asiatische Festland setzt sich bis heute fort, so daß die Höhe des Himalaya pro Jahr um 10 cm zunimmt. Da jedoch 7 cm durch Winderosion abgetragen werden, beträgt das reale Jahreswachstum nur ca. 3 cm. Die starken Kalkschichten, die auch in großen Höhen im tibetischen Teil des Himalaya auftreten, sind der deutliche Beweis für das frühere Meer.

Die massiven Gebirgsketten des Himalaya, Transhimalaya, Karakorum, Kunlun und Tangla bilden einschließlich dem von ihnen umschlossenen Hochplateau von Tibet einen gewaltigen Hochlandblock mit einer Größe von 2,5 Millionen qkm.

Foto links: Der Schneelöwe, das Wappentier Tibets, hier in Bronze gegossen am Potala.

Das Hochlandmassiv fällt nach Süden steil in die indischen Ebenen ab, fast ebenso steil senkt es sich nach Norden zum Tarimbecken. Nach Osten treppt es sich zur chinesischen Tiefebene ab und nach Westen setzen sich die Gebirgsketten über den Karakorum bis nach Afghanistan hin fort. Die Hochebene mit einer Höhe von 4000 bis 5000 m ist von noch höheren Gebirgsstöcken durchzogen, diese verlaufen wie die Randgebirge bis auf die östlichen Ketten in Ost-West-Richtung. Das Hochplateau ist abflußlos, in den Randgebirgen entspringen alle großen Flüsse Chinas und Indiens. Im Osten sind dies der Hwangho und die Quellflüsse des Jangtsekiang im Kunlun sowie Mekong, Saluen und Irawadi im Tanglagebirge. Diese Flüsse haben 3000 bis 4000 m tiefe Schluchten in die Gebirgszüge gefressen und damit die großen "Stromfurchen" geschaffen, die in den östlichen Randgebirgen die Nord-Süd-Richtung der Gebirgsverläufe mitprägen.

Im Südwesten, nördlich des Zentralhimalaya, in der Umgebung des heiligen Berges Kailas wie des ebenso heiligen Manasarovarsees, liegen die Quellgebiete von Indus, Ganges und Tsangpo, dem Brahmaputra, wie er in Indien heißt. Der Indus fließt nach Nordwesten zwischen den Ladakh- und Zanskarketten hindurch, ehe er südlich des Karakorum in die Ebenen nach Süden zieht. Der Ganges verläßt die Berge unmittelbar Richtung Indien, während der Tsangpo, entgegengestzt zum Indus, mehr als 1000 km zwischen Himalaya und Transhimalaya im breiten Tal nach Osten fließt, ehe auch er südlich des Tanglagebirges in die Ebenen strömt.

Der Hochlandblock nimmt mehr als ein Viertel der chinesischen Landfläche ein. Bis 1950 war die Ausdehnung Tibets fast identisch mit den Gebirgsmassiven. Die autonome Region Tibet der Volksrepublik China umfaßt mit 1,2 Millionen qkm heute nur knapp die Hälfte des Hochlandes im Südosten. Die neu eingerichtete chinesische Provinz Tsinghai, das frühere tibetische Amdo, umschließt ein weiteres Drittel Hochland, weitere Flächen der Gebirge zählen heute zu Sinkiang und Szetschuan. Das westtibetische Ladakh gehört jetzt zu Indien. Die autonome Region Tibet dehnt sich etwa zwischen dem 80. Grad und 98. Grad östlicher Länge und dem 28. Grad und 36. Grad nördlicher Breite aus, Lhasa liegt auf 29 Grad und 41' nördlicher Breite und 91 Grad und 08' östlicher Länge.

Foto rechts: Landschaft in Westtibet
mit den Resten von Tschörten
im Vordergrund.

Seite 14/15: Karte der autonomen Region
Tibet mit Distriktgrenzen und den wichtigsten Straßenverbindungen
(aus: Han Suyin, Chinas
Sonne über Lhasa, Bern und München 1978).

DIE AUTONOME REGION TIBET
Nach Khotan (Prov. Sinkiang)
Nach Pakistan
AUTONOME REGION SINKIANG UIGHUR
(Provinz Sinkiang)
1957
ALI-PLATEAU
Kaschmir (Indien)
Indus
1956
SCHIGATSE-DISTRIKT
Schigatse
NEPAL
1958
INDIEN
Kathmandu
SIKKIM
Gangtok
Kalimpong
Ganges

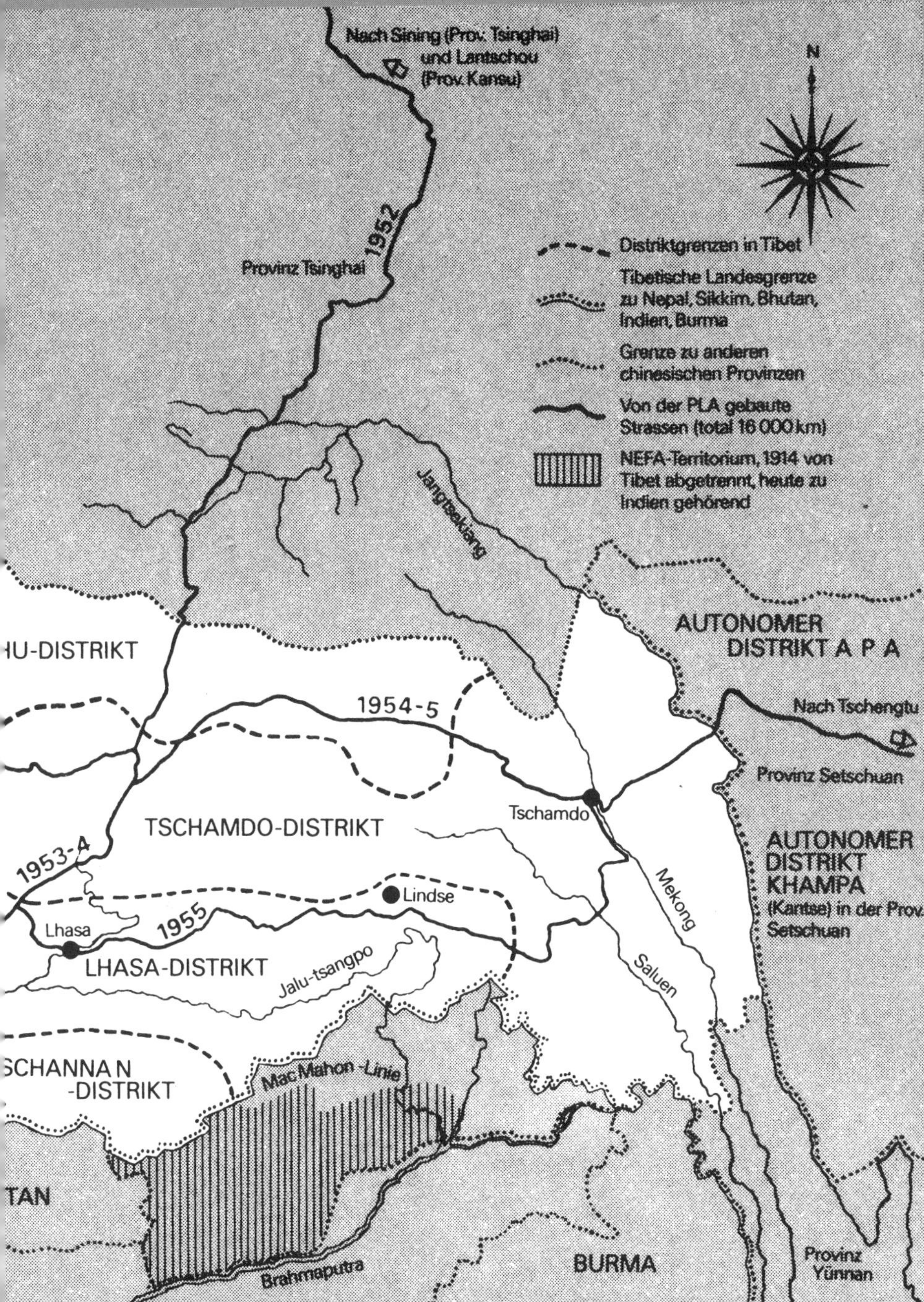

Nach Sining (Prov. Tsinghai) und Lantschou (Prov. Kansu)
N
1952
Provinz Tsinghai
Distriktgrenzen in Tibet
Tibetische Landesgrenze zu Nepal, Sikkim, Bhutan, Indien, Burma
Grenze zu anderen chinesischen Provinzen
Von der PLA gebaute Strassen (total 16 000 km)
NEFA-Territorium, 1914 von Tibet abgetrennt, heute zu Indien gehörend
Jangtsekiang
AUTONOMER DISTRIKT A P A
HU-DISTRIKT
1954-5
Nach Tschengtu
Provinz Setschuan
Tschamdo
TSCHAMDO-DISTRIKT
AUTONOMER DISTRIKT KHAMPA (Kantse) in der Prov. Setschuan
1953-4
Lindse
Mekong
1955
Lhasa
LHASA-DISTRIKT
Jalu-tsangpo
Saluen
SCHANNAN -DISTRIKT
Mac Mahon -Linie
TAN
BURMA
Brahmaputra
Provinz Yünnan

Tibetische Landschaften und Lebensräume

Durch die krassen geografischen und biologischen Gegensätze besitzt Tibet eine große Landschaftsvielfalt. In großen Einheiten ist zu unterscheiden zwischen der Tallandschaft des Tsangpo im Süden, den Steppen des Hochlandes im Norden und den zerklüfteten Gebirgslandschaften im Osten.

Das Tal des Tsangpo

Der Süden wird geprägt durch die Bergketten vom Himalaya mit dem höchsten Berg der Erde, dem Mount Everest (8848 m) auf der Grenze zwischen Tibet und Nepal, dem Transhimalaya und den zwischen diesen eingeschlossenen breiten Tälern des Tsangpo und seiner Nebenflüsse, wie des Kyitschu, an dessen Ufern auch die Hauptstadt Lhasa liegt. Die Täler haben eine mittlere Höhe von 3700 m und ein gemäßigtes Klima. Der Tsangpo fließt, teilweise mehrere Kilometer breit und mit vielen sich verändernden Seitenarmen, gemächlich durch das Haupttal. An den Ufern wachsen Weiden, nach Osten hin auch größere Wälder. Die Talböden sind grün. Hier befinden sich, oft in Form von Terrassenkulturen, die größten Anbaugebiete tibetischer Bauern. Gerste, Hirse, Roggen, Weizen, Mais, Kartoffeln, Hülsenfrüchte, Gemüse und in geschützten Lagen auch Obst, vornehmlich Aprikosen und Äpfel, werden angebaut. An den Hängen geht das saftige Grün schnell in schütteren Grasbewuchs über, der von graubraunen Felsen abgelöst wird.

Steppen im Norden und Osten

Die sich nördlich, im Transhimalaya beginnend, anschließenden Steppen hat Ernst Schäfer nach den 3 vorwiegend wild vorkommenden Großsäugetieren eingeteilt: "Auf Grund der jeweils dominierenden Großsäuger unterscheiden wir zwischen südlichen Gazellen-, mittleren Kiang- und nördlichen Wildyaksteppen. Durch die Summe der Umweltfaktoren bedingt, obsiegt in den spezifischen Standorten jeweils nur eine Großsäugeart im Konkurrenzkampf mit den anderen, so daß jedes dieser Großareale den begünstigten Lebensraum für die optimale Entfaltung einer der genannten Großsäugearten darstellt.

Foto rechts: Tschomolungma,
der Mt. Everest, mit 8848 m
der höchste Berg der Erde.

Die Gazellensteppen, nach der Tibetgazelle benannt, sind im milden grasreichen Osttibet am deutlichsten ausgeprägt. Sie liegen zwischen 3900 m und 4200 m Höhe und haben eine Vegetationsperiode von vier bis fünf Monaten.

Die Kiangsteppen, nach den stolzen tibetischen Pferdeeseln benannt, dehnen sich von Ost nach West über das ganze Hochland aus. Sie sind durch halbsterile, nur mit spärlicher Trockenvegetation bestandene Flächen charakterisiert. Ihre Höhenlagen schwanken zwischen 4300 m und 4600 m, und ihre Vegetationszeit ist auf drei bis vier Monate beschränkt.

Die nach dem riesigen Wildrinde Tibets benannten, selbst für die abgehärtesten Nomadenstämme nicht mehr bewohnbaren 4600 m bis 5200 m hoch gelegenen Wildyaksteppen sind im allgemeinen identisch mit der Nordebene Tibets, der wüstenhaft einsamen Yang-tang. Da Erosion und Zertalung durch die großen Flüsse in den nördlichen Quellgebieten noch nicht eingesetzt haben, stellen die Wildyaksteppen das zusammenhängendste, zugleich aber auch unwirtschaftlichste Steppenareal dar. In diesen menschenleeren Einöden drängt sich die Vegetationsperiode auf nur zwei Monate zusammen." 1)

Nur an den Gebirgsrändern kommen schmale Nadelwaldstreifen und Rhododendronbüsche vor. Die Steppen sind, je nach Höhenlage und Wasserzufuhr, stärker oder geringer mit salzliebender Gras- und Buschvegetation versehen. Dazwischen liegen Sumpfzonen, seltener grüne alpine Matten und wüstenartige karge Landstriche. Selbst Viehzucht ist hier nicht stationär, sondern nur in Wechselweidewirtschaft möglich. Wegen der geringen Niederschläge und der nur kurzen Vegetationsperiode ist nur an wenigen Stellen der Anbau von Gerste möglich, die in Tibet bis in Höhen von 4500 m gedeiht. Verlassene Siedlungen in den meist leicht gewellten Hochsteppen deuten darauf hin, daß die schweren Lebensbedingungen sich noch verschlechtern: Die vielfach salzhaltigen Seen und Sümpfe, Reste des Abschmelzvorganges der letzten Eiszeit, unterliegen einem Austrocknungsprozess. Zum anderen dringen die großen Wüsten, die Takla Makan und die Gobi, auch nach Süden vor.

Urstromtäler im Südosten

Die dritte Landschaft Tibets, der Südosten, ist von den beiden anderen völlig verschieden. Fliegt man — auch im Sommer — über die östlichen Randketten, so

Foto links: Die Bergregionen des ariden Hochlandes sind von erodierenden Gesteinen und Felsen geprägt. Auf dem Foto eine der von der Befreiungsarmee angelegten Paßstraßen.

bietet sich ein Bild unendlicher Schneeberge und Gletscher. Nur wenige tief eingeschnittene grüne Streifen, die "Stromfurchen", untergliedern das Gletschermeer, das durchgehend in Höhen weit über 6000 m liegt. Während die Gletscherwelt mit nur wenigen Pässen jedes Leben ausschließt, wetteifern Flora und Fauna in den Tälern um so mehr. In den schwer zugänglichen, weitgehend unerschlossenen Gebieten haben sich seltene Tier- und Pflanzenarten ungestört bis in unsere Zeit entfalten und erhalten können. Die Talsohlen und Schluchten bis auf eine Höhe von 2500 m bedecken subtropische Urforste und Dschungel mit großer Pflanzenvielfalt und Blumenpracht. Darüber folgen leichte Wälder, meist Nadelholz bis in Höhen von 4500 m, abgelöst von einem schmalen Gürtel von Krummholzgewächsen, mit allein mehr als 300 Rhododendronarten, unterbrochen von Grasflächen bis auf 4700 m. Die höheren Lagen sind ganzjährlich von Eis und Schnee bedeckt.

Klima

Das Klima Tibets wird im Süden und Osten von dem durch die Stromfurchen in verringertem Maße eindringenden Sommermonsun und im Westen und Norden vom trockenen kontinentalen, fast dauernd in Sturmstärke über die Steppen fegenden, Gegen- oder Wintermonsun bestimmt. Gegenüber dem direkt vom indischen Ozean kommenden regenbeladenen Sommermonsun wirkt der Himalaya als Barriere. Die Wolkenmassen stauen sich südlich des Hauptkammes und regnen sich dort ab, nur wenige Wolkenfetzen überspringen die Hochgebirgskette. So ist es leicht verständlich, daß an den südlichen Hängen und Vorbergen des Himalaya, wie z.B. im nepalesischen Terai, im Tistatal und den bhutanesischen Duars Regenmengen bis zu 4000 mm pro Jahr niedergehen. Durch die von Osten einfließenden kleineren Monsunmassen liegen die Niederschlagsmengen nördlich des Himalaya im Tsangpotal mit cirka 400 mm pro Jahr nur noch bei 10 Prozent der Niederschläge südlich des Hauptkamms. Im Norden und Westen wird das Regenaufkommen sehr gering und sinkt auf 50 - 100 mm jährlich. Deswegen sind der Süden und Teile des Ostens Tibets noch semiarid, während der größere Teil des Landes im Norden und Westen zu ariden Gebieten gehört. Schnee fällt in Tibet weniger als oft angenommen wird (der Niederschlag von Schnee ist in den oben angegebenen Niederschlagsmengen enthalten). Den

Foto rechts: Yak- und Schafherden
in den weiten
mittleren Steppenzonen.

Namen Schneeland hat Tibet in den vergangenen Jahrhunderten wohl wegen der großen, mit ewigem Schnee und Eis bedeckten Flächen erhalten.

In der Umgebung von Lhasa, im Tal des Kyitschu und des Tsangpo, fallen im Durchschnitt pro Jahr 437 mm Niederschlag. Dieser verteilt sich jedoch sehr ungleichmäßig. Die Monate November bis April sind mit Niederschlagsmengen unter 10mm pro Monat trocken, der Regen fällt annähernd gleichmäßig in den Monaten Juni bis September, rund 100 mm pro Monat. Im selben Gebiet liegt die Jahresdurchschnittstemperatur bei 9,8 Grad Celsius, wobei auch hier die Unterschiede mit Durchschnittswerten von 20 Grad in den Monaten Juni bis September und unter Null Grad Celsius im Dezember und Januar beträchtlich sind. Die Höchsttemperaturen liegen im Sommer bei cirka 28 Grad Celsius, die niedrigsten Werte im Winter bei -16 Grad. Damit ist das Klima im Süden Tibets noch als gemäßigt anzusehen.

Ganz anders dagegen sind die klimatischen Bedingungen in den übrigen Teilen Tibets. Außer einem kleinen Landstreifen, der sich von Lhasa nach Osten zieht, sind in ganz Tibet weniger als 100 Tage im Jahr frostfrei. Im Norden rechnet man in den tieferen Schichten mit durchgehend gefrorenen Böden. Die Temperaturen in den Steppen sinken bis auf -50 Grad ab und bewegen sich oft über Wochen bei -40 Grad. Noch viel mehr als von diesen tiefen Temperaturen wird das Leben der Nomaden auf den Yangtangsteppen von Stürmen beeinflußt. Die als Winter- oder Gegenmonsun bezeichneten Strömungen kontinentaler Kaltluft in südöstlicher Richtung pfeifen in oft tage- und wochenlangen heftigen Stürmen mit nur wenigen Unterbrechungen über die welligen Hochflächen. Vollends unangenehm werden diese Stürme dadurch, daß die Luftmassen viel Staub und Sand mitnehmen und im Sommer als Staubstürme, seltener als Regenstürme, im Winter in Form von Schneestürmen die Steppen peitschen. Die Schneegrenzen liegen im Süden Tibets im Sommer über 6000 m, im Norden und Osten zwischen 5000 und 6000 m.

II.

Die Tibeter

Ureinwohner und heutige Bevölkerung

Die Anthropologie ordnet die Tibeter zur tibetisch-birmanischen Rasse, eine Untergliederung in der großen mongolischen Rassenfamilie. Als Urbevölkerung Tibets konnten in der Altsteinzeit Menschen paläo-mongolischer Rasse nachgewiesen werden. Die hohen Gebirgsketten als natürliche Schranken ließen das Einströmen fremder Völkerschaften nur begrenzt zu. Am leichtesten ist noch der Zugang von Norden. Durch diese Öffnung, die "Tsaidampforte", strömten in prähistorischer Zeit Volksstämme turanischer Rasse ein und brachten Pferd und Schaf nach Tibet. Die Urbevölkerung hatte in jener Zeit den Wildyak als Haustier bereits domestiziert. Der Yak, der besonders gegen Kälte und große Höhen widerstandsfähige Grunzochse, blieb auch nach der Einführung von Pferden, Schafen, Ziegen und Rindern die Lebensbasis der Tibeter.

Auch die Tanguten kamen durch die Tsaidampforte, vermischten sich mit den Tibetern und bildeten schließlich eine tibeto-tangutische Oberschicht über der Urbevölkerung. Den gleichen Weg nach Tibet nahmen in geschichtlicher Zeit des öfteren meist mohammedanische Mongolen, Tartaren und Turkstämme, die jedoch nur zum geringsten Teil ansässig wurden oder sich mit den Tibetern vermischten.

Die großen Stämme der Khampas in Nordosttibet, den Provinzen Kham und Amdo (heute weitgehend Tsinghai), haben sich als reinblütige Tibeter erhalten. Zu den auffallenden Merkmalen dieser Rasse gehören der große Körperwuchs — die Khampas sind die längsten Menschen Asiens —, hohe Schädel und scharfgeschnittene Gesichtszüge. Viele aristokratische Familien Tibets entstammen Khampastämmen, und auch der jetzige Dalai Lama wurde in Amdo geboren. Die Khampas sind tapfer und kriegerisch. Mut und Tapferkeit brauchten sie auch, um die über Jahrhunderte von Westen in ihr Land vorstoßenden Turkvölker, mehr noch die von Osten heranwogenden Völkermassen chinesischer Han, aufzuhalten.

Im Nordwesten, Westen und Süden Tibets leben mehr gemischte Volksstämme. Dabei nimmt nach Westen hin der Einfluß weißer Hautfarbe zu. Der weiße Anteil

Foto links: In den Khampas verkörpert sich die tibetische Rasse in ihrer reinsten Form.

stammt dabei von den oben geschilderten, durch die Tsaidampforte, aber auch Ladakh eingewanderten, Turkstämmen. Die Menschen dieser Stämme sind von kleinerem Wuchs als die Khampas, haben breitere Gesichtsformen und meist platte breite Nasen.

Die Stromfurchen Osttibets sind zwar für moderne Verkehrsmittel schwer zu erschließen, ließen aber schon früh die Wanderung von Volksstämmen und den Kulturaustausch zu, so daß angenommen werden kann, daß hier früher Verbindungen mit chinesischen und hinterindischen Völkern bestanden. Ernst Schäfer sieht im Osten Tibets ein ethnisches Rückzugsgebiet urtümlicher mongolischer und tibeto-birmanischer Völker, ähnlich einem großen Völkerkundemuseum: "In erster Linie waren es die Chinesen, die wohl schon in frühhistorischer Zeit damit begannen, die ureinwohnenden Naturvölker Mittel- und Westchinas in Richtung auf die tibetischen Grenzgebirge zurückzudrängen. Neben den bekannten 18 osttibetischen Stämmen erfreuten sich die Mosos, Lolos, Wassus, Lüdis, Naschis noch bis Anfang unseres Jahrhunderts einer gewissen Unabhängigkeit. Die umweltliche Abgeschlossenheit erlaubte es diesen kleinen Völkersplittern eigene Kulturen, Sprachen, Trachten und dem Klima angepaßte Baustile zu bewahren. "2)

Die tibeto-birmanische Völkergruppe bevölkert heute praktisch den gesamten Hochlandblock, das Herz Asiens, bis auf einen kleinen Anteil im Nordwesten, der von Turkvölkern besiedelt ist. Die Aussagen zu Bevölkerungszahlen der tibetischen Rasse schwanken beträchtlich: Zwischen 3 und 7 Millionen. In der chinesischen autonomen Region Tibet leben heute 1,7 Millionen Tibeter, in der chinesischen Provinz Tsinghai cirka 0,8 Millionen. Weiter leben in den Provinzen Kansu und Szetschuan in China noch große tibetische Volksgruppen ebenso wie in den nördlichen Bereichen der Königreiche Nepal und Bhutan sowie im indischen Ladakh. Innerhalb der Volksrepublik China ist Tibet das weitaus am dünnsten besiedelte Gebiet mit weniger als 3 Menschen auf 2 qkm, im Gegensatz zur Provinz Kiangsu z.B., wo 445 Menschen pro qkm leben.

Foto rechts: Vornehme Tibeterin,
das Haar in 108 Zöpfen
geflochten und mit Bernsteinen
sowie Korallen geschmückt.

Foto übernächste Seite: Viehzüchter in
Festtagskleidung auf einem traditionell
aufgezäumten Apfelschimmel.

Adel, Klerus und Tributpflichtige

Während die über große Strecken umherziehenden Hirtennomaden ein teilweise unabhängiges Leben führten, waren die Bauern und Viehzüchter Zentral-, Süd- und Osttibets abhängig. Dies hing mit der seit dem Mittelalter festgefügten feudalen Ordnung in drei Klassen zusammen.

Die Oberschicht bildete der Adel mit etwa 240 Familien in ganz Tibet. Diese Aristokraten lebten meist in Lhasa im großen Reichtum ein bequemes Leben, ihre Hauptaufgabe bestand darin, den größten Teil der Beamten zu stellen. Zur Oberschicht zählte natürlich auch der Dalai Lama sowie die hohen Mönchsbeamten und Äbte der großen Klöster.

Eine mittlere Schicht bestand aus Klosterbewohnern, zum überwiegenden Teil Mönchen, 10 - 12 Prozent des tibetischen Volkes. Diese Bevölkerungsgruppe kann jedoch nur aufgrund ihrer Bildung als eine Mittelschicht angesehen werden, da sie kaum privates Vermögen besaß.

Die dritte Klasse bildeten Nomaden und Bauern, über 85 Prozent der Gesamtbevölkerung. Neben diesen drei Schichten gab es noch, religiös bedingt, einige "Klassenlose", wie Metzger, Fischer und Leichenzerschneider.

Alles Land gehörte zwar nicht dem Dalai Lama, er konnte jedoch im Rahmen bestimmter Grundsätze darüber verfügen, d. h. es sowohl verteilen als auch einziehen. Der Herrscher vergab das Land bis auf den von der Regierung selbst verwalteten Teil an Klerus und Adel als Lehen. Regierung, Kirche und Adel verpachteten ihre Ländereien und Güter teilweise direkt an kleine Pächter, die dafür abgabenpflichtig wurden, oder sie gaben das Land in Form vererbbarer Nutzungsrechte an sogenannte Steuerzahler, die dafür ihrem Lehensherrn tributpflichtig wurden. Die Steuern konnten die Form von Geld, Naturalien oder Dienstleistungen haben. Die "Steuerzahler" ihrerseits verpachteten das Land ebenso an Pächter. Diese Pächter, mehr oder weniger stark an ihren Pachtherrn gebunden, brachten durch Abgaben in Naturalien oder Dienstleistungen dem Steuerzahler Einkünfte, mit denen er die festgesetzten Steuern an die Zentral- oder Bezirksregierung zahlen konnte. Der Staat erlangte auf diese Weise alles was er benötigte: Geld, Naturalien und Dienstleistungen. Ein typisches Beispiel dafür sind die mit zahlreichen Privilegien verknüpften Pässe zum Reisen in Tibet.

Mußte ein Regierungsbeamter oder einer der wenigen Besucher, der einen solchen Paß erhielt, über Land reisen, so waren die Dzongpons der Stationen, die er unterwegs berührte, verpflichtet, Übernachtungsmöglichkeit, Proviant, Brennmaterial, Reit- und Packtiere sowie Führer und Begleiter bis zur nächsten Station kostenlos zur Verfügung zu stellen.

Zur Eigenversorgung erhielten die zum Teil hörigen Pächter ein kleines Stück Land zugewiesen, aus dessen Erträgen sie keine Abgaben zu entrichten hatten. Ebenso hielten sich die Pächterfamilien meist einige Stück Vieh, die ihnen selbst gehörten.

Das Leben der Nomaden und Ackerbauern

Ursprünglich waren alle Tibeter in Stammesverbänden lebende Hirtennomaden. Herden gezähmter Yaks lieferten die Lebensgrundlage: Milch, Butter, Käseprodukte, Wolle für Kleidung und Zelte, Häute und Leder ebenfalls für Kleidungsstücke, aber auch für Hausrat bis hin zu den Yakfellbooten und schließlich auch Fleisch. Der Yak wurde als Reit- und — noch wichtiger — als Tragtier genutzt, und waren die Lebensmittel knapp, so nahm man den Tieren durch Aderlaß einige Liter Blut ab und bereitete daraus eine Art Blutwurst.

Nur wenig hat sich das Leben der Nomaden in den letzten Jahrhunderten gewandelt. Noch heute ziehen 450 000 Tibeter mit ihren Herden über die Steppen von Yangtang und Kham. Neben den dominierenden Yaks, die den extremen Witterungsbedingungen am ehesten angepaßt sind, werden Pferde, Schafe und Ziegen gezüchtet, in günstigen Lagen auch Rinder. Die mobilen Behausungen sind quadratische schwarze Yakhaarzelte — diese werden nur zum Kochen mit getrocknetem Dung beheizt. Die Yaknomaden haben sich der Kälte angepaßt. Sie sind wesentlich kälteunempfindlicher als andere Menschenrassen. So können sie sich auf Gletschern auch ohne ihre Filzstiefel, die sie im allgemeinen tragen, bewegen und wenn die Frühlingssonne die Luft auf -10 Grad Celsius erwärmt, lassen sie ihre Tschuba, das mantel-

Foto rechts: Das Lager viehzüchtender Nomaden, im Vordergrund wird Yakbutter zubereitet.

artige Kleidungsstück aller Tibeter, über den Gürtel fallen. Gegen die große Winterkälte schützen sie sich nachts mit Tierfellen. Bei nur wenigen frostfreien Tagen im Jahr ist Körper- und Wäschewaschen praktisch viele Monate unmöglich. Um die Haut vor Aufplatzen und Reißen zu schützen, reiben sich die Nomaden mit Yakbutter ein. Dies ist einer der Gründe für die schlechte Hygiene, die den Tibetern auch in älterer Literatur oft als Mangel angelastet wird.

Neben der Kälte und den harten Winterstürmen sind die Hauptfeinde der Nomaden und ihrer Herden Wölfe, Bären, Schneeleoparden und Räuber. Wirksame Hilfsmittel gegen alle sind scharfe Hunde, insbesondere die schwarzen Mastifs, die die Stämme zahlreich mit sich führen.

Wegen der ungünstigen Bedingungen wurde Ackerbau erst spät und praktisch ausschließlich in den südlichen Landesteilen eingeführt. Das Seßhaftwerden eines Teils der Bevölkerung war die Basis zur Bildung eines gutausgebauten Staatswesens im 7. Jahrhundert.

In den fruchtbaren und deshalb viel stärker besiedelten Tälern des Südens und Südostens, vor allem im Tsangpotal, bildete sich eine Ackerbau- und Viehzuchtkultur. Die Bauern leben in Dörfern, Weilern und Streusiedlungen. Die Siedlungen liegen meist auf Geröllfeldern oder direkt auf Fels, um nicht kostbaren Boden, der für Ackerbau nutzbar ist, mit Häusern verbauen zu müssen. Die Häuser sind festungsartig errichtet, ein- oder zweigeschossig aus getrockneten Lehmziegeln oder Bruchsteinen, haben nach außen nur wenige Öffnungen und umschließen meist einen Innenhof, zu dem sich alle Räume und auch die wenigen Fenster orientieren. Bei zweigeschossigen Gebäuden ist nach Süden oft eine große Terrasse angeordnet. Da Glasfenster bis in jüngster Zeit unbekannt waren, spielt sich im Sommer das häusliche Leben meist auf der Terrasse oder im Innenhof ab. Wegen des nur gering vorhandenen Brennmaterials wurden auch im Winter die Häuser nicht beheizt, sondern nur für die Zubereitung von Mahlzeiten Feuer aus Reisig und getrocknetem Dung unterhalten. Fahrzeuge als Transportmittel für die Landwirtschaft kannten die Tibeter bis 1950 praktisch nicht. Die Felder wurden mit der Hacke und einfachen Holzpflügen mit eisenbesetzter Spitze bearbeitet. An Haustieren werden — im Stall oder auf Weiden — Rinder, Schweine, Schafe, Ziegen und Hühner gehalten. In den größten Siedlungen haben sich neben den Bauern einige Handwerker herausgebildet und Kleinhändler niedergelassen.

Die Städte spielten praktisch nur eine Rolle für Regierung, Kirche und Handel. Die drei größten Städte Lhasa, Schigatse und Gyantse liegen im Süden. Dazu kommen Chamdo, der ehemalige Gouverneurssitz in Kham und weitere kleine

Städte im Osten, wie Batang und Jekundo. Die Bedeutung der Städte läßt sich an den Einwohnerzahlen messen: 1950 hatte Lhasa 30 000 und Schigatse 12 000 Einwohner.

Ehe, Familie und Stellung der Frau

Das Ehe- und Familienleben wird in Tibet mehr im größeren Rahmen der Sippe und des Stammes – wie übrigens in ganz Asien – gesehen. Das Wohl der Sippe, des Stammes, ja des ganzen Volkes, zum Beispiel bei Gefahr der Überbevölkerung oder noch mehr des Aussterbens eines Clans, steht weit über persönlichen Einzelinteressen. Unter diesen Prämissen und der relativ kurzen Lebenserwartung jedes Einzelnen müssen die außergewöhnlichen Ehegesetze der Tibeter gesehen werden. Insbesondere bei den Nomaden, dem Adel und den "Steuerzahlern" kam es häufig vor, daß eine Frau, die den ältesten Sohn einer Familie heiratete, gleichzeitig alle jüngeren Brüder mitehelichte. Dies wurde besonders im schriftlichen oder mündlichen Ehevertrag fixiert. Die jüngeren Brüder waren während der Heirat oft noch kleine Kinder und erfuhren erst später von ihrem "Glück". Schlimmstenfalls konnten sie doch noch ein Mädchen ihrer Wahl heiraten, wurden dann jedoch enterbt. Diese Art der Polyandrie sicherte, daß der Familienbesitz ungeteilt in einer Familie blieb und nicht fortlaufend zersplittert wurde. Neben der Vielmännerei kam bei Hirtennomaden und den Aristokraten weniger oft auch Polygamie vor. Weitere Regelungen sorgten für den Bestand der Familie. Um jeweils eine Familie zu erhalten, durfte der Sohn, wenn es nicht seine leibliche Mutter war, die Frau des verstorbenen Vaters, der jüngere Bruder die Frau eines verstorbenen älteren Bruders und der Neffe die Frau des verstorbenen Onkels heiraten. Voraussetzung war, daß die Frau nicht den gleichen Sippennamen trug wie der Mann.

Fotos auf den nachfolgenden Seiten: Hirtennomade, wettergegerbt; wie alle Tibeter trägt er im Gegesatz zu den Tibeterinnen nur einen Ohrring.

Tibetisches Ehepaar, hier auf der Pilgerschaft zu den heiligen Stätten Lhasas.

Familiennamen in unserem Sinn gab es nicht, sondern nur Sippennamen, an die, ähnlich unseren Vornamen, ein Rufname angehängt wurde.

Trotz der Tatsache, daß der Buddhismus der Ehe und den Frauen nicht die größte Wertschätzung entgegenbringt, da die Frau ja mit der Geburt neuen Lebens besonders aktiv am Kreislauf des Wiedergeborenwerdens beteiligt ist, waren und sind die Frauen gleichberechtigt neben ihren Ehemännern, wobei es selbstverständlich war, daß sie auch gleich harte Arbeit wie die Männer verrichteten. Es wird angenommen, daß es im vorhistorischen Tibet sogar matriarchalische Gesellschaftsformen gegeben hat.

Wegen der dünnen Besiedelung werden die in China eingeführten strengen Geburtenkontrollmaßnahmen in Tibet nicht angewendet. Ebenso ist das Mindestheiratsalter in Tibet nicht festgelegt. In allen autonomen Regionen wird auf dem Gebiet von Ehe und Familie ein größerer persönlicher Freiraum gewährt als im "Inland" China.

Weltbild und Religiosität

Der weitaus größte Teil aller Tibeter hatte zweifellos ein schweres Joch an Arbeit, Abgaben und Dienstleistungen zu tragen. Grund dafür war das aus dem Mittelalter überkommene und unverändert gepflegte feudale System weniger begüterter Lehensherren — wobei es unwesentlich war, ob das Land der Regierung, dem Adel oder der Kirche gehörte — und der großen Anzahl leibeigener, höriger oder doch zumindest untertaner Bauern. Der Unterschied zwischen einigen sehr reichen Aristokraten und der großen Menge mit weniger irdischen Gütern Gesegneter ohne einen Mittelstand war im theokratischen Tibet besonders kraß.

Wer unter diesen Umständen annimmt, daß die einfachen Tibeter im Unglück verharrend, verhärmt und verdrossen über ihr Schicksal gewesen wären, irrt tüchtig. Im Gedanken an den Kausalzusammenhang, daß das Los dieses Lebens Folge der Taten in vorhergehenden Leben darstellt, nahmen die Tibeter härteste Arbeit bei geringem Lohn gelassen auf sich. Viele frühere Reisende bemerken ausdrücklich das freundlich heitere, oft fröhliche Wesen der tibetischen Landbevölkerung. Von Exiltibetern hört man ebenso nur selten Klagen über das frühere Los, wenngleich viele aufgeschlossene Tibeter, einschließlich dem Dalai Lama, heute der Meinung sind, daß Tibet sich eher vom Feudalsystem hätte lösen müssen.

Männer und Frauen singen zur Feldarbeit ebenso, wie die Karawanenführer und Hirten unterwegs in den Steppen. Unbilden der Witterung, in Tibet fast das Normale, werden, solange sie nicht lebensbedrohend sind, schicksalbedingt hingenommen. Selbst kleinere Anlässe, wie das glückliche Überschreiten eines Passes, werden durch Blumenüberreichen und Freudenausrufe herausgestellt und kein Anlaß zum Feiern von Festen — auch in einfachster Art — versäumt. Die Liebe der Tibeter am Schmuck ist eines der äußeren Zeichen für ihre insgesamt heitere Lebenseinstellung. Außer den Mönchen tragen alle Tibeter, Nomaden, Bauern und Aristokraten je nach Vermögen reichlichen Schmuck. Von Männern wie Frauen beliebt sind Halsketten, Armreifen und Ohrringe aus Türkisen, Korallen, Bernsteinen oder Silbermünzen, wobei Männer jeweils nur einen Ohrring benutzen. Vornehme Frauen flechten das Haar sorgsam in 108 Zöpfen und tragen auf dem Kopf große Korallen und Bernsteine, die Aristokratinnen sogar kunstvolle Aufbauten, bis zu 15 cm lange Ohrringe aus in Silber oder Gold gefaßten Türkisen und schwere Halsgeschmeide.

Alle Tibeter schützen sich gegen die verschiedensten Übel mit Amuletten. Diese Amulette in Form von gesegneten Schleifen, Tonfiguren von Gottheiten (Tsa-tsa), auf Papier gezeichneten Mantras oder geschriebenen Bittformeln werden in Behältern aus Stoff, Leder oder Edelmetallen auf der Brust getragen. Bei vermögenden Trägern sind die Amulettkästen aus Kupfer oder Silberblech bis zu einem Quadratdezimeter groß in kunstvoller Silberschmiedearbeit mit eingravierten Mantras oder den acht Glückssymbolen verziert.

Die Tibeter sind nicht nur wegen ihrer hohen Berge Überirdischem näher als andere Menschen. Wie alle Bergvölker, die besonders häufig Naturphänomene erleben, sowie Katastrophen und härtere Lebensbedingungen ertragen müssen, sind die Menschen des Schneelandes dem Glauben an überirdische Wesen, Dämonen und Geister, die in der Erde, im Wasser wie in Bäumen und Felsen wohnen und den Menschen auflauern, um ihnen nach dem Leben zu trachten, leichter geneigt. Noch mehr waren sie dann bereit, mit Abwehrfunktionen wie Beschwörungen, Opfern, Schutzgöttern und magischen Praktiken, die weit über normale religiöse Übungen hinausgingen, sich gegen die "eingebildeten Gefahren" zu verteidigen.

Unter diesen Vorzeichen konnte sich im Himalaya in prähistorischer Zeit die Bon-Religion in ihrer beinahe unendlichen Vielgestaltigkeit entfalten. Auf den Grundprinzipien "Gut und Böse" und den drei Reichen, dem Himmel-, Erd- und Wasserreich, entwickelte sich ein riesiges Pantheon lokaler und überregionaler Gottheiten, Erscheinungen und Dämonen.

Noch reichhaltiger waren die Schutzeinrichtungen, die die Bon-po aufbauten: Reinigungsriten, Beschwörungen, magische Praktiken bis zu Tier- und Menschenopfern,ausgeführt von Bon-po-Magiern, Zauberern und Exorzisten 3). Heiligstes Symbol der Bon-po ist das Hakenkreuz mit nach links gebogenen Enden. Dementsprechend und im Gegensatz zu den Buddhisten umwandeln die Bon-po ihre Heiligtümer entgegen der Richtung des Uhrzeigers. Die Bon-Religion verwurzelte sich so tief, daß sich einzelne Gemeinden und Klöster bis in die jüngste Zeit behaupten konnten.

Als der Buddhismus im 7. Jahrhundert nach Tibet kam, hatte es das hehre, philosophische Gedankengebäude dieser Religion zunächst schwer bei den Tibetern. Erst nachdem der Buddhismus tantrische und magische Züge erhielt, Teile des farbenprächtigen Bon in der neuen Religion aufgingen und sich neben den verschiedenen Schulrichtungen auch eine ausgesprochene Volksreligion entwickelte, konnte sich die Lehre des Buddha durchsetzen. Ja, man kann sogar sagen: nur in Tibet konnte sich der Vajrayana, der Buddhismus des Diamantenen Fahrzeugs, in solcher Mannigfaltigkeit formen.

Zu vielen der tantrischen und magischen Riten und Zeremonien findet der Europäer nur schwer Zugang und auch die tibetischen Laien kennen oft Ursprung, Sinn oder Ziel einzelner Riten nicht, immer aber verfolgen sie die Handlungen der Lamas mit gläubiger Ehrfurcht. Entgegen den Auffassungen buddhistischer Philosophie sehen die meisten Laien im Kreislauf der Leben das Wiedergeborenwerden der gleichen Wesen und viele Ereignisse als vorherbestimmt, wodurch Wahrsager und Astrologen ein großes Berufsfeld vorfinden.

Foto links: Tibeter feiern gerne. Hier zeigen Viehzüchter auf ihren kleinen schnellen Steppenpferden ihre Reit- und Bogenschießkunst.

Folgende Seiten: Männer mit Amulettkästen und -beuteln, die Schutz vor zahlreichen Gefahren bieten sollen.

Aktiv durchgeführt werden Ritus und Zeremonien des tibetischen Buddhismus in erster Linie von den Mönchen der verschiedenen Orden. Den Laien ist eine mehr passive Rolle zugewiesen, zu der das Umschreiten der heiligen Stätten im Uhrzeigersinn gehört, die Teilnahme an Prozessionen und das Zuschauen bei Tschamtänzen ebenso wie Opfer für die Klöster und Schreine.

Daneben kann man jedoch in zahlreichen Gebräuchen den religiösen Ursprung sowie die Suche nach dem Umgang mit Göttern und Dämonen und religiöser Betätigung finden.

Um die Wohnhäuser vor Dämonen zu schützen und Geister "zu fangen", stellte man Geisterfallen auf oder brachte solche an den Hausecken an. Eine an der Hauswand befestigte Geisterfalle besteht meist aus einem Hunde-, Schaf- oder Ziegenschädel auf einem Gerippe dünner Weidenruten, in das Stroh und Wollfäden in engem Abstand und verschiedenen Mustern eingebunden sind. Um die von den Fäden gefangenen Geister endgültig zu vernichten, werden die Fallen verbrannt.

Überschreiten Tibeter einen Paß, so werden sie nicht versäumen, zu dem auf jedem Paß befindlichen Labtscha, einem Steinhaufen mit Gebetsfahnen, als Dank für das glückliche Erreichen dieses Passes, mehr noch um Unheil abzuwehren, je einen weiteren Stein zu legen.

Für alle besonderen Anlässe in der Familie wie im Haus und auf den Feldern wurden besondere Rituale abgehalten. Zur Durchführung der Zeremonien bei Geburt, Hochzeit, Tod, Hausbau, Ernten und anderen Gelegenheiten holte man sich jeweils einen oder mehrere Mönche, die für ihre unter Umständen tage- oder wochenlange Tätigkeit eine Gebühr in Geld oder Naturalien erhielten. Um Zeit und Ort der Handlungen und Rituale richtig zu wählen, wurden astrologisch bewanderte Mönche befragt.

Bardo

Einen besonderen Platz nahmen die Rituale für einen Verstorbenen ein. Wenn der Tod eingetreten war, bahrte man den Toten in Diamanthaltung oder in

Foto links: Geisterfalle, etwa 1,20 Meter hoch, aus Schafskopf, Strohbündeln und dem Fadengeflecht, in welchem sich Dämonen und böse Geister verfangen sollen.

Hockerstellung mit angezogenen Knien (bereits die Embryostellung für die Wiedergeburt) auf und umschnürte ihn, damit er diese Position beibehielt. So blieb der Tote einige Tage bis Wochen im Hause, während Mönche bei ihm Totenwache hielten, indem sie ihm Ratschläge für das Bardo, den Zwischentodzustand, gaben und Bittformeln sprachen. Dies umso mehr, je weniger der Tote in die Vorgänge des Sterbens, Bardodurchwanderns und Wiedergeborenwerdens zu Lebzeiten "eingeweiht" worden war.

Das Bardo ist die Welt zwischen Tod und Wiedergeburt, deren "Durchwanderung" 49 Tage dauert. Unmittelbar nach Eintritt des Todes offenbart sich dem Toten "jäh wie ein Blitz" die höchste Wirklichkeit. Erfaßt er diesen Blitz der Wirklichkeit, so erreicht er unabhängig von dem Gesetz des Karma das Nirwana, was jedoch sehr selten geschieht. Es folgt ein Stadium von 3 bis 4 Tagen, bis der Tote merkt, daß er gestorben ist und sich der Geist vom Körper löst. Das nächste Stadium dauert 14 Tage, während denen der Tote in den ersten 7 Tagen friedvollen Wesen, in den letzten 7 Tagen schrecklichen Wesen begegnet. Insbesondere für diese Phase ist es wichtig, vorbereitet zu sein oder doch auf die Ratschläge der Mönche zu achten, da bei richtigem Durchschreiten dieser Phase eine Wiedergeburt im "Götterhimmel" möglich wird.Selbst um den Rat der Lamas wahrzunehmen, bedarf es jedoch einer Vorbereitung im Leben, z. B. mittels der Tschamtänze. Im letzten Stadium des Bardo sucht der Tote, der die Wege zu "höheren Daseinsformen" bereits verspielt hat, nach einer neuen Wiedergeburt.

Bestattungsriten

Die Bestattung konnte in fünf verschiedenen Arten, die in einem Werk mit dem Titel "Führer für den Geist des Toten im Jenseits" ausführlich begründet sind, vorgenommen werden. Die Bestattungsart war nach astrologischen Berechnungen, die sich besonders auf das Geburtsjahr stützen, festgelegt. Ebenso wurde mit diesen Berechnungen ermittelt, nach welcher Himmelsrichtung der Tote aus dem Haus getragen werden sollte — selbst wenn zu diesem Zweck extra ein Loch in die Wand geschlagen werden mußte. Der ursprüngliche Sinn der fünf Bestattungsarten lag darin, den Toten (entsprechend den Berechnungen) einem der fünf Elemente Luft, Wasser, Feuer, Erde oder Holz wieder zuzuführen. Die Laien deuteten dieses Ziel jedoch derart um, daß sie davon ausgingen, daß die Bestattung das letzte große Opfer — das letzte gute Werk des Verstorbenen sei, indem seine Leiche dazu dient, andere vom Hunger zu befreien. Alexandra David-Neel hat folgende vier Bestattungsarten aus dem o.a. Werk übersetzt:

"1 Man trägt die Leiche auf einen Berggipfel. Dort trennt man ihre Glieder mit einem scharfen Messer ab. Eingeweide, Herz und Lunge werden auf der Erde ausgebreitet, Vögeln, Wölfen und Füchsen zum Fraß.

2 Man wirft die Leiche in einen heiligen Strom, in dessen blauem Wasser Blut und Säfte sich auflösen. Fische und Otter fressen das Fleisch und Fett.

3 Die Leiche wird verbrannt. Fleisch, Knochen und Haut werden in ein Aschenhäuflein verwandelt. Vom Geruch nähren sich die Tisas (die Tisas sind Halbgötter, die sich von Gerüchen nähren.)

4 Der Körper wird unter der Erde verscharrt. Fleisch, Knochen und Haut dienen den Würmern zum Fraß." 4)

Das Begräbnis zum Element Holz wurde derart ausgeführt, daß man den Toten in einem hohlen Baum beisetzte. In den Steppen wurde mangels des Vorhandenseins von Wasser, Brennstoff oder Bäumen und der meist gefrorenen Erde fast immer die Luft- oder Himmelsbestattung durchgeführt. Erforderten die astrologischen Berechnungen ein anderes Element, so wurde dies symbolisch ausgeführt, z. B. durch Beträufeln mit Wasser. Die Himmelsbestattung ist bis zum heutigen Tage in Nord- und Osttibet üblich.

Der Berg Meru

Das Weltbild der Tibeter basiert auf religiösen Vorstellungen des tantrischen Buddhismus und der so gedachte Aufbau unserer Welt hat nichts mit naturwissenschaftlicher Realität zu tun. Dieses Weltbild läßt sich in zwei "Bilder" fassen, einmal die Darstellung unserer Welt im Kosmos und zum anderen die Welt mit dem Kreislauf des Wiedergeborenwerdens, die, persönlichkeitsbezogen, die Laien mehr interessiert. Beide "Bilder" werden zahlreich dargestellt, so die Welt im Kosmos bei Opferriten auf einer flachen Schale mit metallenem Rand und Reiskörnern für den Berg Meru sowie die Erdteile, der Kreislauf als Lebensrad an praktisch allen Klostereingängen und auf vielen Thangkas.

Nach dem buddhistischen Weltbild befindet sich das Universum in einem unendlichem Raum und "lagert" auf einem Gewebe von blauer Luft in Gestalt eines gekreuzten Donnerkeils. Die Erde ist eine kreisrunde Scheibe, diese gründet sich auf einer Schicht Wasser sowie einer Schicht Gold und wird außen von zwei Eisenmauern begrenzt. Den Mittelpunkt der Erde bildet der Berg Meru, an dessen Berghängen nach den vier Himmelsrichtungen die vier Weltenkönige wohnen. Der Berg Meru wird von 7 quadratischen Ozeanen, die von 7 ebenfalls quadratischen Gebirgszügen getrennt sind, umschlossen. Zwischen dem äußersten Gebirge und der Eisenmauer liegen die vier großen Weltteile. Sonne und Mond kreisen über dem inneren Gebirge, zwischen beiden befindet sich, vom Himmel herabhängend, der Schirm und das Siegesbanner. Die Himmel erheben sich über dem Berg Meru in der Form einer auf der Spitze stehenden Pyramide, meist sind es dreizehn in Etagen übereinander, wobei der unterste den Götterhimmel, der oberste den Himmel des Adibuddha, des Urbuddhas, darstellt.

Rad des Lebens

Während sich der Tibeter um die Erdscheibe weniger Gedanken macht, erregt das Rad des Lebens, auch Rad der Wiedergeburten, seine höchste Aufmerksamkeit. Dieses Bild wurde eigens zur Unterrichtung der "nicht eingeweihten" Laien mit der Lehre, dem Karma sowie der daraus folgenden Art der Wiedergeburt geschaffen, und an den Klostereingängen sieht man oft Scharen von Menschen beim Studieren und Diskutieren des Rades.

Das Rad wird von den Krallen des Dieners des Todesgottes, einem Dharmapala, gehalten und ist grundsätzlich in drei Kreise aufgegliedert. Im innersten Ring befinden sich Zeichnungen eines Schweines, eines Hahns und einer Schlange, die versuchen, sich gegenseitig zu fressen. Die drei Tiere symbolisieren die Hauptursachen schlechter Taten und damit den Fortlauf im Kreis der Wiedergeburten: das Schwein die Unwissenheit, der Hahn die Gier und Wollust und die Schlange Haß und Zorn. Wer diese drei Grundübel überwindet, ist der Erleuchtung bereits nahe. Bei einigen Lebensrädern ist im Zentrum des Kreises noch ein Bildnis Buddhas eingefügt: es symbolisiert das Ziel, die Buddhaschaft und das Verlöschen. Um den ersten Kreis sind in einem großen Ring, unterteilt von meist 6 Speichen, die "Haine der Welt" dargestellt. In der Mitte oben befindet sich die Welt der Götter, der Himmel; links anschließend die Welt der Menschen und darunter die Welt der Tiere. Rechts vom Himmel befindet sich die Welt der Titanen, der Halbgötter, die sich mit den Göttern in fortlaufendem Streit befinden und wiederum darunter ist das Reich der gespenstischen Halbwesen, der Pretas. In

Zeichnung rechts: Das Rad des Lebens, in welchem auf einfache Weise dem Laien der Buddhismus, insbesondere der Kreislauf der Wiedergeburten, dargestellt wird.

༄། །བརྩམ་པར་བྱ་ཞིང་འབྱུང་བར་བྱ།
སངས་རྒྱས་བསྟན་ལ་འཇུག་པར་བྱ། །འདམ
བུའི་ཁྱིམ་ན་གླང་ཆེན་བཞིན། །འཆི་བདག
སྡེ་ནི་འཇོམས་པར་བྱ། །གང་ཞིག་རབ་ཏུ
བག་ཡོད་པས། །ཆོས་འདུལ་བ་འདི་ལ་སྤྱོད་
གྱུར་ན། །སྐྱེ་བའི་འཁོར་བ་རབ་སྤངས་ནས།
སྡུག་བསྔལ་ཐ་མར་བྱེད་པར་འགྱུར། ། ༎

der Mitte unten liegt die Hölle, die Heimat des Totengottes Yama. Die Darstellung der Hölle erinnert in vielen Einzelheiten an das mittelalterliche Fegefeuer. Bei einem Teil der Lebensräder ist zwischen dem inneren Kreis und den Welten noch ein schmaler Ring eingefügt, der links auf hellem Untergrund Menschen zeigt, die auf dem Weg zu besseren Wiedergeburten, letztlich auf dem Weg zum Ausscheiden aus dem Kreis der Wiedergeburten, sich bewegen, während rechts auf dunklem Hintergrund Menschen und Halbwesen auf den Pfad zur Hölle gezogen werden. Der schmale äußere Kreis zeigt deutlich das Karma, den kausalen Zusammenhang von Ursache und Wirkung auf, wobei jeweils die zwölf Ursachen, die Nidanas, gezeigt werden.

1. Blinder alter Mann: Er kann sich nicht zurechtfinden; somit stellt er die Unwissenheit um die vollkommene Erkenntnis dar.
2. Töpfer bei der Arbeit: Er formt die Gefäße; im übertragenen Sinn formt er sein eigenes Schicksal, die Töpfe symbolisieren seine Taten.
3. Affe im Baum: Der Affe klettert auf einen Baum und springt von Ast zu Ast. Er symbolisiert das helle Bewußtsein, das bei Unwissenden unkontrolliert von Objekt zu Objekt springt.
4. Menschen in einem Boot: Name und Form werden hier symbolisch dargestellt, geistige und körperliche Kräfte, die Scheidung von Bewußtem und Unbewußtem. Diese Kräfte sind im Strom des Lebens unzertrennlich miteinander verbunden.
5. Haus mit 5 Fenstern und einem Tor: Die 5 Fenster symbolisieren die 5 Sinne, das Tor das Denken; jene Öffnung also, durch die der Mensch durch seine 6 Sinne die Außenwelt wahrnimmt.
6. Liebespaar: Der Kontakt zur Außenwelt, der durch die 6 Sinne entsteht, wird hier symbolisch dargestellt.
7. Mensch wird von einem Pfeil ins Auge getroffen: Das Bild versinnbildlicht das Gefühl, das durch den Kontakt zur Außenwelt hervorgerufen wird und angenehme wie unangenehme Empfindungen unterscheiden läßt.
8. Frau reicht einem Mann Wein zum Trinken: Symbolisch wird hier das Begehren und Verlangen dargestellt, das durch die Wahrnehmungen und Gefühle entsteht. In anderen Lebensrädern wird auch ein durstgequälter Mensch gezeigt, der seine Lippen gierig an die Wasserquelle setzt.

9. Ein Mensch sammelt Früchte: Das Begehren und der Sinnendrang führen zum Ergreifen, dies wird hier verdeutlicht. Oft zeigt das 9. Bild auch eine geschlechtliche Vereinigung.

10. Schöne Braut oder schwangere Frau: Sinnbildlich wird hier die Zeugung neuen Lebens, das Fortbestehen des Lebens, dargestellt.

11. Gebärende Frau in knieender Haltung: Symbolisiert wird hier die Geburt, die auf die Zeugung folgt; das neue Leben, das in das leidvolle Dasein geworfen wird.

12. Toter, der von Leichenträgern auf einer Bahre davongetragen wird oder ein gebückter Greis: Hier wird veranschaulicht, daß der Geburt wieder Alter und Tod folgen. Der Tote, der in Hockstellung zusammengebunden ist gleich einem Embryo, ist symbolisch bereit zu neuem Leben. 5)

Tsampa, Buttertee und Tschang

Die Speisekarte, insbesondere der tibetischen Nomaden, ist karg und einfach. Hauptnahrungsmittel ist bis heute Tsampa, geröstete und danach gemahlene Gerste, geblieben. Einen Beutel mit Tsampamehl tragen die Nomaden stets bei sich. Tsampa wird fast trocken in kleinere bis faustgroße Bällchen geformt zu einer Flüssigkeit gegessen, kalt in Tee getaucht oder in einer dünnen Teebrühe gekocht. Aus Tsampamehl mit Wasser werden auch dünne Fladen gebacken.

Ergänzt wird das Tsampamehl durch Buttertee. Dieser wird zunächst wie normaler Tee aus chinesischen Teekuchen oder Teeziegeln zubereitet. Den Tee schüttet man in ein hohes schmales Gefäß aus Holz, gibt Salz, Soda und flüssige Butter hinzu und vermischt das ganze mit einem Holzstößel. Zum Trinken des Buttertees tragen alle Tibeter in ihren Tschubas eine Rosenholzschale mit sich. Süße Yakbutter, Yakkäse, Joghurt, saure gegorene Stutenmilch neben der unvergorenen Yakmilch und in Streifen geschnittenes luftgetrocknetes Fleisch sind alles Leckerbissen, die seltener gegessen werden.

Die Tische der seßhaften Bauern sind schon reichhaltiger gedeckt, da diese mit

Kartoffeln, Gemüse, Obst, Eiern und mehr Fleisch Möglichkeiten für abwechslungsreiche Mahlzeiten haben. Zu den besonderen Leckerbissen gehören Momos, Teigbällchen mit Fleisch- oder Gemüsefüllungen, die gekocht oder gebraten werden und verschiedene Nudel- und Gemüsesuppen. Da der Buddhismus das Töten von Tieren verbietet, dürften Tibeter eigentlich kein Fleisch essen. Nomaden wie Bauern halten sich jedoch bewußt nicht an diese Bestimmung, im Gegenteil: soweit möglich, wird Fleisch in großen Mengen verzehrt.

Die Mönche hatten meist einen ähnlichen einfachen Speiseplan wie die Nomaden. Während der oft viele Tage dauernden Zeremonien in den Dukhangs wurden die Mönche fortlaufend von Novizen mit Buttertee versorgt, dazwischen gab es ab und zu Tsampamehl, Fladen oder einfache Suppen.

Die Mahlzeiten der Aristokraten und der hohen Beamten heben sich weit ab vom einfachen Essen der Bauern und Nomaden. Feinste Leckerbissen wurden aus China und Indien importiert und von oft chinesischen Köchen zubereitet.

Tschang, das tibetische Bier aus vergorener Gerste, trinken alle Tibeter vom Nomaden bis zum Adel. Die Gerste wird morgens gekocht und dann mit trockener Hefe zum Gären angesetzt. Die gegorene Gerste wird in ein Holzgefäß, meist ein Stück Bambusrohr, gegeben und dann heißes Wasser darüber geschüttet. Nach kurzem Ziehen ist das Bier fertig und wird mit einem Rohr aufgesogen. Der Geschmack erinnert wenig an unser Bier denn an gärenden Most. Bei Festen und Feiern werden große Mengen des nicht sehr stark alkoholhaltigen Getränks konsumiert.

Medizin

Nach dem tibetischen Volksglauben sind Krankheiten in erster Linie Angriffe böser Geister und Dämonen gegen den Menschen. So werden die Wassergeister als Urheber für Aussatz und andere Seuchen verantwortlich gemacht. Für die Heilung setzte man den Verursachern entsprechende Mittel ein: Riten, Opfer Amulette und Pillen mit undefinierbaren Bestandteilen. Nach Bleichsteiner sollen zu den Medikamenten Wolfszähne, Affenknochen, Schlangenfleisch, Drachenblut, Eulenkot, Antilopenhörner, Moschus, Bärengalle und Hammelhirn neben zahlreichen — sicher oft mehr wirkenden — Heilkräutern gehört haben. Mehr als an Medikamente glaubte man an die Heilung durch Hilfe der Schutzgottheiten.

Die Tibeter besaßen auch schon früh ein Medizinalwesen auf wissenschaftlicher Grundlage, was als wesentlich bedeutender angesehen werden muß als die magische Heilkunde. Bereits im Tandschur sind zahlreiche medizinische Abhandlungen enthalten, ebenso enthält auch der Kandschur Hinweise zur Medizin. In allen größeren Klöstern wurden Medizinschulen unterhalten, einige Klöster widmeten sich hauptsächlich dieser Wissenssparte, allen voran die Medizinschule auf dem Tschagpori, dem Eisenberg gegenüber dem Potala. Die Mönche dieser Schulen erhielten Unterricht im Umgang mit Heilkräutern sowie tierischen und mineralischen Arzneien und deren Herstellung. Im Sommer sammelten sie mit ihren Lehrern selbst die notwendigen Kräuter, trockneten diese und unterhielten Apotheken mit Heilmitteln in Form von Kugeln, Pulver und Säften. Man kannte und kennt in Tibet viele hundert heilkräftige Pflanzen, diese wurden allein oder in Mischungen mit bis zu 100 verschiedenen Bestandteilen angewandt. Durch den Brauch des Leichenzerschneidens bei der Himmelsbestattung hatten die Heilkünstler auch große anatomische Kenntnisse. Die Diagnosen wurden mit Hilfe von Fragen, Abtasten und Beobachtungen erzielt. Bereits im 9.Jahrhundert faßte der heilkundige Yuthog Yontan Gompo, der in China, Indien und Nepal medizinische Studien getrieben hatte, die Erfahrungen tibetischer Heilkunst im "Dschu-shi", wörtlich "die vier Wurzeln", einem medizinischen Lexikon in vier Bänden mit 157 Kapiteln und praktischen Hinweisen, zusammen. Mehr als 30 Bücher schrieb dieser Arzt mit 8 weiteren Heilkundigen, einer seiner Schüler "erfand" das Pulsfühlen zum Diagnostizieren von Krankheiten.

Das klassische Werk mit allen grundlegenden Theorien wurde in den nachfolgenden Jahrhunderten immer wieder überarbeitet und vervollständigt. Im 15.Jahrhundert bildeten sich zwei Schulen tibetischer Medizin. Die nördliche behandelte Rheuma und ähnliche von Kälte unterstützte Krankheiten mit Moxibustion und Aderlaß, im Süden wurde sogenannten "heißen Krankheiten" mit Kühlen begegnet.

Im 17.Jahrhundert wurde ein Erläuterungsband zum Lexikon der Medizin herausgegeben, 1704 zeichneten tibetische Maler 79 Bildrollen mit genauesten Darstellungen von der Entwicklung des Embryos im Mutterleib bis zu den Heilpflanzen. 1804 schließlich beschrieb Dema Tenzing Puntschog in einem Abriß der Arzneien 2294 Heilmittel.

Mehr als 400 tibetische Heilmittel wurden in den letzten Jahren von chinesischen und tibetischen Wissenschaftlern analysiert und auf ihre Wirkung hin untersucht und dienen heute auch in China als Arzneien. 6)

Abb. nächste Seite: Tibetische anatomische Zeichnung aus dem Jahre 1704, die Herz, Luftröhre, Lunge und weitere Organe deutlich zeigt.

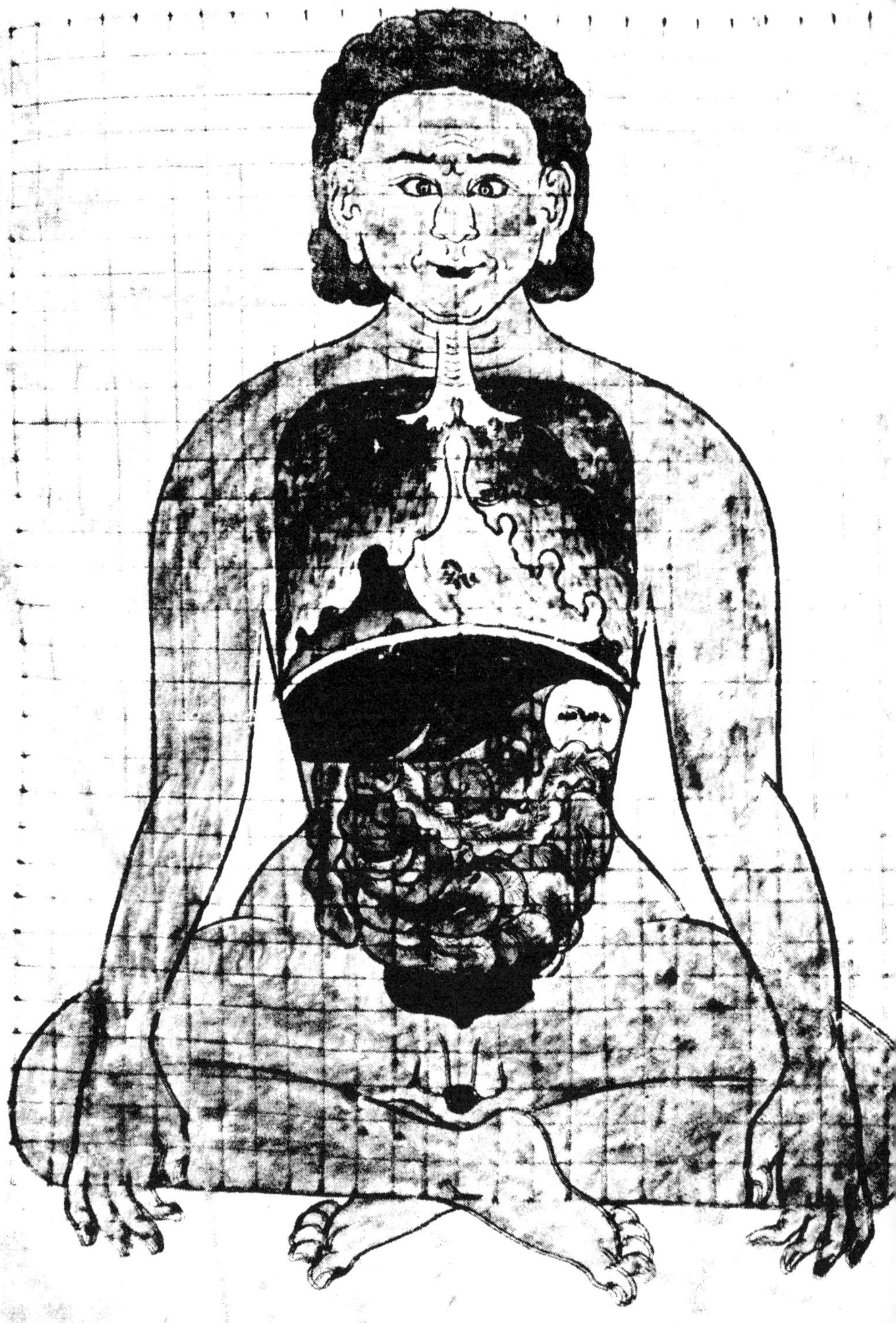

III.

Das Diamantfahrzeug, der tibetische Buddhismus

Die Lehre Buddhas

Es gibt nur einen Buddhismus und nur ein Ziel im Buddhismus; nur die Wege zu diesem Ziel sind im Hinayana-, Mahayana- und tantrischen Buddhismus verschieden. Diesen Kernsatz muß man sich besonders unter Ansehung der farbig ausgeprägten Volksreligionen deutlich vor Augen halten. Seine Heiligkeit, der 14. Dalai Lama, betonte in einem Gespräch mit dem Autor über die Zukunft tibetischer Kultur diesen Kernsatz mit dem Hinweis, daß er den tantrischen Buddhismus am geeignetsten hält, das Ziel des Verlöschens schnell zu erreichen. Zum Verständnis des tibetischen Buddhismus werden zunächst das Wirken Buddhas und seine Lehre sowie die Entwicklung der Hauptrichtungen kurz skizziert.

Im 6. und 5.Jahrhundert v.Chr. hatten in Nordindien die hinduistischen Brahmanen als alleinige Kenner umfangreicher religiöser Riten und Mittler zwischen dem Götterpantheon und den Menschen große Macht erlangt. Einzelne, meist philosophische,Sekten bildeten sich und spalteten sich schließlich ab, und der Gedanke der Seelenwanderung hatte Eingang in die Religion gefunden.

In dieser Zeit religiösen Aufbruchs wurde 563 v.Chr. Prinz Siddharta Gautama, aus dem Geschlecht der Shakyas, der spätere Buddha, in Kapilavastu, am Rande des Himalaya, im Grenzgebiet zwischen Indien und Nepal, geboren. Der Prinz lebte in Luxus am Hofe seines Vaters, besaß mehrere eigene Paläste und war ein guter Bogenschütze. Er heiratete und seine Frau schenkte ihm einen Sohn, der den Namen Rahula erhielt. Trotz ausdrücklichen Verbotes seines Vaters verließ Gautama den Palastbezirk und wurde außerhalb des Palastes mit menschlichem Leiden in Form eines Greises, eines Kranken, eines Toten und eines Asketen konfrontiert. Diese vier Begegnungen beeindruckten den jungen Mann so stark, daß er kurz darauf, mit 29 Jahren, Palast und Familie verließ. Gemäß hinduistischer Tradition, in der er aufgewachsen war, wanderte er 6 Jahre durch Nordindien und übte Askese unter verschiedenen Meistern. Aber weder mit Fasten, strengen Kasteiungen noch mit Meditation erreichte er Freiheit und inneren Frieden. So gab er das asketische Leben wieder auf. In einem neuen Anlauf setzte er sich bei Bodhgaya unter einen Boddhibaum und nach 49 Tagen Meditation erreichte er Erleuchtung. Von da an hieß Siddharta Gautama der Buddha, der Erleuchtete.

Foto links: Das berühmteste Standbild Buddha Shakyamunis: Jo-bo, überhäuft mit Edel- und Halbedelsteinen im Jokhang. Prinzessin Wen Cheng soll diese Statue 641 als Hochzeitsgeschenk nach Lhasa gebracht haben.

Kurz danach hielt er im Gazellenhain von Sarnath, in der Nähe von Benares, seine erste Predigt und brachte damit das "Rad der Lehre" in Bewegung. Eine neue Religion, der Buddhismus, war geboren, dem Hinduismus entsprossen. Mit seinen Anhängern gründete Buddha einen Mönchsorden, dessen Mitglieder als äußeres Zeichen ein gelbes Gewand trugen. Noch 45 Jahre wanderte Buddha predigend durch Indien, dann ging er ins Nirvana ein.

Der Kern von Buddhas Lehre ist der Glaube an die Wiedergeburt. "Der Mensch besteht aus einer Zusammensetzung von körperlichen und geistigen Eigenschaften, von denen nur das innere Organ (manas), das Organ der Erkenntnis, nach dem Tode weiterlebt. Wenn ein Mensch stirbt, so geht sein manas in einen anderen Körper über, der eben geboren wird, und zwar auf Grund der Taten (karma), die er in seinem früheren Leben begangen hat, entweder in einen niederen (z.B. in ein Tier) oder in einen höheren (König oder Gottheit). Die Lehre Buddhas predigt die Erlösung vom Kreislauf der Wiedergeburten und zeigt, wie man das Nirvana, den Zustand des "Verwehens", d.i. die Nichtexistenz, erreicht."7)

Für das "Verlöschen" werden viele Definitionen gebraucht, am besten erscheint das Beispiel des Wassertropfens, der ins Meer fällt: Der Tropfen bleibt, aber er ist im Wasser nicht mehr als einzelnes auszumachen — er ist gleichzeitig eins geworden mit dem Meer.

Die Erlösung aus dem Kreislauf der Wiedergeburten beginnt nach Buddhas Vorbild mit der Erkenntnis der vier edlen Wahrheiten:

1. Die edle Wahrheit vom Leiden
2. Die edle Wahrheit von der Entstehung des Leidens
3. Die edle Wahrheit von der Beendigung des Leidens
4. Die edle Wahrheit vom Weg, der zur Beendigung des Leidens führt.

Leiden entsteht u.a. durch Unwissenheit, Gier und Haß, allgemein durch Sinnlichkeit und dem Festhalten an wohlgefälligem Leben.

Buddha sah die Menschen leidend, wurde erleuchtet, erkannte die 4 edlen Wahrheiten und zeigte den Menschen den Weg zur Erkenntnis dieser Wahrheiten, den

Abbildung rechts: Statue des historischen Buddhas, aus drei vergoldeten Kupferblechen zusammengesetzt.

edlen achtfältigen Pfad. Die Erfüllung der Tugenden des achtfältigen Pfades:

rechte Erkenntnis,
rechte Gesinnung,
rechte Rede,
rechte Tat,
rechter Lebenserwerb,
rechte Anstrengung,
rechte Achtsamkeit,
rechte Sammlung

führt zu einem Leben voller Selbstbeherrschung, guter Werke und Seelenfrieden.

Buddhist wird man, indem man einer buddhistischen Gemeinde beitritt und eine sogenannte Zufluchtsformel spricht. Die Laienanhänger sollen die fünf folgenden Sittlichkeitsregeln:

nicht töten oder verletzen,
nicht stehlen,
nicht lügen, betrügen oder verleumden,
sich keinem ungesetzlichen Geschlechtsverkehr hingeben,
sich aller Rausch-, Betäubungs- und Erregungsmittel enthalten

beachten.

Für Mönche gibt es dazu noch eine Reihe von Ordnungsregeln; außerdem wird von den Lamas insgesamt eine strenge Handhabung der Bestimmungen verlangt. Alle Regeln gelten nur der inneren Sammlung als Vorbereitung zu Meditation und Erkenntnis.
Insgesamt ist der Buddhismus tolerant, er kennt weder Drohung noch schwere Strafen.

Die neue Religion breitete sich besonders in Nordindien, aber auch über Hinterindien, sowie bis zum Khyberpaß im Westen aus. Schon in den ersten 250 Jahren wurden 3 Konzilien abgehalten. Die Ausbreitung nach Norden über den Himalaya bis zur Mongolei erfolgte erst etwa 700 n.Chr. Im Ursprungsland des Buddhismus, in Indien, hatte sich zu dieser Zeit bereits der Hinduismus wieder durchgesetzt.

Hinayana und Mahayana

Heute zählen 500 Millionen Menschen zum Buddhismus. Dabei sind zwei Glaubensrichtungen festzustellen: Das Hinayana oder der Buddhismus des kleinen Fahrzeugs ist die ursprüngliche, nach dem Vorleben des historischen Buddha gestaltete Form der Religion, in welcher jeder Anhänger die Erleuchtung, die Buddhaschaft und das Nirvana für sich selbst zu erreichen versucht.

Meditation, Teilnahme an religiösen Zeremonien sowie Nahrungs- und Blumenopfer sind als Stichworte zu nennen. In Burma, Thailand, Laos, Kambodscha und Ceylon wird Buddhismus in dieser Urform ausgeübt.

Nach dem 3. buddhistischen Konzil, etwa zur Zeitenwende, spaltete sich die Glaubensgemeinschaft, denn ein Teil der Buddhisten unter Führung von Nagardschuna verfolgte nun das Ziel, nicht eher in das Nirvana einzugehen, bevor alle Menschen erlöst sind. Damit war der Buddhismus des großen Fahrzeugs, das Mahayana, gegründet. Im Mahayana genießen der historische Buddha Gautama und weitere Buddhas und Bodhisattvas früherer und kommender Weltalter göttliche Ehren. Glauben, gute Werke, die sechs Tugenden Barmherzigkeit, Sittlichkeit, Geduld, Eifer, Beschauung und Erkenntnis sowie ein ausgeprägter Ritus treten mehr hervor. Geografisch ist diese Art des Buddhismus heute besonders in China, Japan und Korea zu finden.

Tantrischer Buddhismus

Um 500 n.Chr. wurde von der Yogatschara-Schule in Nordindien der tantrische Buddhismus, Vajrayana, der "Buddhismus des Diamantenen Fahrzeugs" oder "Wirksames Fahrzeug des Diamantenen Rades" ins Leben gerufen, der sich bis Anfang des 8.Jahrhunderts voll entwickelte. Dazu wurden zahlreiche magische Praktiken und Rituale des hinduistischen Shivakults in den Mahayanabuddhismus eingebracht. "Die Erlösung erwächst nach diesem System auf Grund magischer Handlungen mit Zuhilfenahme von Zauberkreisen (mandala), mystischen Fingerstellungen (mudra), Zauberformeln (dharani) und Zaubersilben (mantra). Durch Anwendung dieser Mittel gelingt es dem Adepten, die gewünschte Gottheit zu bannen und durch Aufgehen in ihr übernatürliche Wunderkraft (siddhi) zu gewinnen. In diesem Zustande erkennt er die Welt als Illusion, er wird durch diese Erkenntnis über Raum und Zeit erhoben und beherrscht die Welt der Täuschung durch seine übersinnliche Macht. Er ist zum Mahasiddha geworden". 8)

Der höchste Grad der Erkenntnis wird dabei durch die Vereinigung der männlichen mit einer weiblichen Kraft (skr.: Shakti), tibetisch:Yab-yum, erzielt. Der Donnerkeil, der Dordsche, wird zum wichtigsten Symbol der neuen Richtung. Auf diesem Weg der Lehre wurde das unübersehbare Heer der Gottheiten ebenso eingeführt wie magische Riten, Zauberlehren, Opfer und die unendliche Fülle der Symbole.

In der tantrischen Form kam der Buddhismus unter Srongtsan Gampo um 640 nach Tibet. Die neue Religion hatte es zuerst schwer, sich gegen den Bonglauben durchzusetzen. Entscheidende Hilfe brachte hier um 750 Padmasambhava, der tantrische Meister aus Udiyana in Nordindien. Er wandelte die alten Bongötter zu Schutzgottheiten des Buddhismus und konnte damit auch viele Bonanhänger gewinnen. Die Vielfalt des tantrischen Buddhismus wurde freilich dadurch noch exotischer: der tibetische Buddhismus entfaltete sich.

Zwei weitere wesentliche Erweiterungen erhielt die Lehre durch die Einführung des Kalacakrasystems in der Mitte des 11.Jahrhunderts mit dem Urbuddha (Adibuddha) und dem Kalender nach dem sechzigjährigen Tierzyklus ab 1027 sowie der Einführung der Inkarnationsreihen in der oberen Mönchshierarchie ab Mitte des 14. Jahrhunderts.

Einzelheiten zur weiteren Entwicklung sind in den Geschichtstafeln chronologisch erfaßt.

Götter und Heilige

Die unendliche Welt der Buddhas, Bodhisattvas, Schutzgötter und Heiligen ist selbst für "Eingeweihte" oder Doktoren der geistigen tibetischen Wissenschaften nicht vollständig zu erlernen. Von den einzelnen Gottheiten gibt es jeweils weitere Inkarnationen und Emanationen, so daß bis zu 50 und mehr Verkörperungen auftreten. Allgemein wird Buddha Shakyamuni als das höchste Wesen angesehen. Für die gebildeten Mönche sind alle anderen Darstellungen von Gottheiten mehr oder weniger Symbole oder Verkörperungen für Buddha oder die Lehre. Grob lassen sich alle Gottheiten und Heilige in 7 Gruppen einteilen:

1. Buddhas
2. Bodhisattvas

3. Dakinis
4. Schreckliche Gottheiten ("Beschützer der Lehre"), skr. Dharmapalas
5. Schutzgottheiten (Yidams)
6. Lokale Gottheiten (Yul-lha und Sabdag)
7. Die Heiligen (Lehrer und Lamas)

Die Heiligen werden dabei oft an erster Stelle genannt, da ohne sie der tantrische Buddhismus nicht hätte entstehen können und heute bestehen kann.

Seit der Bildung des Mahayana gibt es unendlich viele Buddhas. Sie werden deshalb auf Wandbildern oder Thangkas z.B. in Gruppen zu Hundert oder Tausend dargestellt. Einige Gruppen lassen sich herausgreifen:

Adibuddha:	Urbuddha, aus welchem alle anderen Buddhas entstanden
Shakyamuni:	Der historische Buddha dieses Zeitalters
Kashyapa:	Buddha des letzten vergangenen Weltzeitalters
Maitreya:	Buddha des zukünftigen Weltzeitalters
5 Dhyanibuddhas:	Himmlische Wesen, denen je ein Bodhisattva und ein irdischer Buddha zugeordnet werden (Meditationsbuddhas)
7 Medizinbuddhas	
35 Buddhas:	der Beichte und Wünsche

Die Buddhas sind, auf dem Lotosthron sitzend, mit verschiedenen Handhaltungen (skr. mudra) dargestellt.

Die fünf Dhyani-Buddhas

Weltgegend	Mitte	Osten	Süden	Westen	Norden
Name	Vairotschana „Der Leuchtende, Sonnige"	Akschobhya „Der Unerschütterliche"	Ratnasambhava „Der aus dem Juwel Entsprossene"	Amitabha „Unendliches Licht"	Amoghasiddhi „Der mit unfehlbarer Vollendung Ausgestattete"
Mudra	„Rad des Gesetzes"	„Erdberührung"	„Gabenspenden"	„Geste der Beschauung"	„Furchtlosigkeit"

Vahana	Löwe	Elefant	Pferd	Pfau	Geflügelter Zwerg
Farbe und Element	weiß = Raum	blau = Luft	gelb = Erde	rot = Licht	grün = Wasser
Symbol	Rad	Donnerkeil	Juwel	roter Lotos	2 gekreuzte Donnerkeile
Magische Silbe	**om**	**hum**	**tram**	**hri**	**a**
Schakti	Vadschradha-tischvari	Lotschana	Mamaki	Sita	Tara
Bodhisattva	Samanta-bhadra	Vadschrapani	Ratnapani	Padmapani	Vishvapani
irdischer Buddha	Kraku-tschanda	Kanakamuni	Kashyapa	Gautama	Maitreya

Die 5 Dhyani-Buddhas mit ihren Gesten, Reittieren sowie den entsprechenden Farben, Elementen, Symbolen, magischen Silben, Shaktis, Bodhisattvas und irdischen Buddhas (aus Bleichsteiner: Die gelbe Kirche).

Annähernd gleiche Verehrung wie die Buddhas genießen Bodhisattvas. Dies sind Wesen, die bereits Erleuchtung erlangt haben, auf die Buddhawürde aber so lange verzichten, bis alle Lebewesen aus dem Kreislauf der Wiedergeburten erlöst sind. Zu den acht himmlischen Bodhisattvas gehören:

Avalokiteshvara	tib. Tschenrezi, in China Kuanyin, in Japan Kwannon, mit 1-11 Köpfen und 2 bis 1000 Armen; Attribute: Rosenkranz und Lotosblume
Manjusri	tib. Dschampai Dschang, mit 1 bis 4 Köpfen und 2 bis 8 Armen; Attribute: Schwert und Buch
Vajrapani	tib. Tschagdordsche, Träger des Donnerkeils, Attribute: Donnerkeil und Glocke
Maitreya	tib. Dschampa, in China der Dickbauchbuddha, mit 1 bis 3 Köpfen und 2 bis 4 Armen; Attribute: Rad und Weihwassergefäß
Wichtiger weibl. Bodhisattva: Tara	tib. Dolma, weiblicher Bodhisattva; von ihren mehr als 20 Formen sind besonders bekannt die
Grüne Tara,	verkörpert in Bhrikuti,
Weiße Tara,	verkörpert in Wen Cheng; beide sind Gattinnen Srongtsan Gampos.

Dakinis sind Hexen oder Dämoninnen, der Lehre feindlich oder zu deren Beschützern umgewandelt, meist als nackte Jungfrauen, u.a. mit einer Kette aus Menschenschädeln geschmückt, dargestellt.

Die Dharmapalas, tibetisch Tschoitschong, die Schutzgottheiten der Lehre, nehmen einen besonderen Rang ein. Meist sind es ehemalige Bon-Dämonen, die unter dem Einfluß Padmasambhavas zu Schutzgöttern erklärt wurden, aber auch schreckliche Formen von Bodhisattvas oder buddhistische Entsprechungen von Hindugöttern. Alle Dharmapalas sind stehend im Tanzschritt dargestellt, mit dem dritten Auge der Weisheit auf der Stirn, aufgerissenem Rachen mit starken Eckzähnen, mit einem Tigerfell und oft mit Ketten aus abgeschlagenen Menschenköpfen bekleidet. Sie tragen die Totenkopfkrone und stehen auf Toten. Teilweise sind sie von einer Flammenaureole umgeben.

Yamantaka:	tibetisch Schindsche-sched, gilt als Besieger des Totengottes, der schrecklichste aller Schreckensgötter mit einem Stierkopf und 8 weiteren Häuptern, 34 Armen und 16 Beinen, die schreckliche Form von Manjusri
Yama:	tibetisch Schindsche, Gesetzeskönig und Gott der Toten mit Stierkopf, auf dem Rücken eines Stieres stehend
Hayagriva:	tibetisch Tamdin, der "pferdenackige Gott", wird auch als Ausstrahlung des Akshobhya angesehen
Begtse:	tibetisch Tschamsrin, Kriegsgott, als gepanzerter Krieger mit Schwert
Mahakala:	tibetisch Gompo, in weißer und schwarzer Form, meist sechsarmig; Formen des Hindugottes Shiva
Göttin Lhamo:	Reitet auf einem Maultier, das als Decke eine Menschenhaut trägt, Schutzgöttin von Lhasa
Tschagdordsche:	Der Bodhisattva Vajrapani als Dharmapala, wurde besonders im Tempel der Medizinschule Tschagpori verehrt.

Um den Schrecken der schrecklichen Gottheiten etwas zu mildern, wird oft der Welthüter Vaishravana in dieser Gruppe mit dargestellt.

Yidams (skr. ishta-devata) sind persönliche Schutzgottheiten, die jeder Lama für sich erwählt. Nur der Meister und sein Schüler kennen den Yidam. Der Schüler trachtet danach, seine geistige Persönlichkeit mit dem Yidam zu intensivieren, durch spezielle Religionsübungen soll ihm sein persönlicher Yidam in gütiger Form erscheinen und ihm während der Versenkung geistige Zusammenhänge mitteilen. Jeder kann sich einen Yidam für das ganze Leben wählen. Yidams können mild, zornig oder schrecklich sein. Zur milden Form gehören die 5 Dhyani-

buddhas. Als Schutzgottheiten sind sie in Yab-Yum-Stellung mit ihrer weiblichen Kraft (skr. Skakti) dargestellt. Zu den Schutzgottheiten gehören Hevajra (tib. Tschedordsche) und Demtschog sowie die Dharmapalas Yamantaka, Yama, Hayagriva, Mahakala und Kubera.

Zu den lokalen Gottheiten zählen die vier Dämonenkönige von den Abhängen des Weltbergs Meru, die sogenannten Weltenhüter:

Vaishravana:	Der König des Nordens mit dem Siegesbanner in der rechten Hand und einer Ratte in der linken
Dhritaraschtra:	Der König des Ostens spielt auf einer Laute
Virudhaka:	König im Süden mit Langschwert und Helm aus der Haut eines Elefantenkopfes
Virupaksha:	König des Westens, in der rechten Hand eine Schlange, in der linken einen Stupa.

Neben den Geistern von Bergen, Flüssen und Seen gehört zu den lokalen Gottheiten auch der frühere Dämonenkönig Pehar, von Padmasambhava ebenfalls besiegt und gewandelt, speziell verehrt im westtibetischen Kloster Hemis und verkörpert im Staatsorakel von Netschung. Weiter gehören die "Herren des Leichenackers", die Tschitipati, zu den Lokalgottheiten.

Die Zahl der Heiligen ist zwar nicht endlos, aber doch unübersehbar. Heilig gesprochen wurden in erster Linie die an der Entwicklung des tantrischen Buddhismus Beteiligten und die großen Förderer wie Lehrer, Sektengründer und Reformatoren.
Die wichtigsten sind:

Nagardschuna:	Gilt als Begründer des Mahayana im 1. Jahrhundert nach Christus. Er wird sitzend wie ein Buddha dargestellt mit leicht erhobenem linken Fuß und eingezogenem rechten Fuß. Um den graugrünen Heiligenschein sind sieben Schlangen angeordnet.
Padmasambhava:	Hat dem Buddhismus in Tibet zum Durchbruch verholfen. Er wird im Lotossitz mit Brokatgewändern dargestellt, auf dem Kopf einen Hut mit Donnerkeil und Feder, in der rechten Hand den Donnerkeil, in der linken die Schädelschale haltend. Im linken Armgelenk steckt der Dreizack mit abgeschlagenen Menschenköpfen.

Foto links: Maitreyabuddha, der Buddha des zukünftigen Weltzeitalters mit der Dharmacakra-Mudra, der Handhaltung des Predigens.
Abbildung nächste Seite: Bodhisattva Avalokiteshvara, in der elfköpfigen Form mit acht Armen. Abdruck eines Holzdruckstocks.

84 Mahasiddhas: Lehrer und Zauberer aus Indien innerhalb der großen Gruppe mit mehr als 500 Arhats. Die Mahasiddhas, zu welchen auch z.B. Tilopa und Naropa gehören, tragen das Haar in einem Knoten und sind als Yogis, meist nackt oder nur mit Lendentuch bekleidet, dargestellt.

Atisha: Hat das Kalacakrasystem eingeführt und die Kadampaschule begründet. Er wird in roter Kleidung mit Mönchshut dargestellt.

Marpa: Tibetischer Guru, wird mit Buch und einem Schädel gezeigt.

Milarepa: Guru, Mystiker und größter Dichter Tibets, ist leicht an dem roten Band über der Schulter sowie der rechten Hand am rechten Ohr zu erkennen.

Tsongkhapa: Reformator und Gründer der Gelben Kirche. Er trägt rote Kleidung und eine gelbe Mönchskappe. Die Lotosblume über seiner linken Schulter enthält ein Buch, die rechte ein Schwert. 9)

Die Mönchsorden, tantrische Meister und Tulkus

Von Beginn an stützt sich der Buddhismus zur Befolgung und Verbreitung der Lehre (skr.: dharma) auf die Ordensgemeinschaften der Mönche (skr.: sangha). In der Ausformung des tibetischen Buddhismus übernahmen die zahlreichen Mönche in größeren und kleineren Klostersiedlungen eine für alle Lebensbereiche bis zur Staatsführung dominierende Stellung.

Jungen konnten ab etwa 8 Jahren als Novizen ins Kloster eintreten. Dazu mußten sie eine kleine Prüfung ablegen, wurden eingeweiht und erhielten die üblichen Gegenstände des buddhistischen Mönches: Mönchsgewand, Schlafmatte, Almosenschale und Sieb für das Trinkwasser. Für seinen Unterhalt im Kloster mußte der Novize selbst sorgen, hatte er nicht die Mittel dafür, so wurde er meist gleichzeitig Diener seines Lehrers. Die Novizen nahmen an den mit Sonnenaufgang beginnenden und mehrmals am Tage bis zum Sonnenunter-

Seite 68 u. 69: Padmasambhava förderte im 8. Jahrhundert maßgebend die Verbreitung des Buddhismus in Tibet. Er ist leicht an seiner Kopfbedeckung sowie den Attributen: Schädelschale, Donnerkeil und Dreizack zu identifizieren. Verkl. Abdruck eines Holzdruckstocks.

Tonstatue des Mystikers und größten Dichters Tibets, Milarepa, auf dem Lotosthron sitzend und mit der Hand am Ohr in die Welt hineinlauschend.

༄༅། །ངོ་མཚར་སངས་རྒྱས་པདྨ་སྐྱེས། །སྐྱེ་འཆི་མི་མངའ་རྡོ་རྗེའི་སྐུ། །
།དུས་གསུམ་རྒྱལ་ཀུན་ཕྲིན་ལས་མཛད། །པདྨ་འབྱུང་གནས་ལ་ཕྱག་འཚལ། །

gang stattfindenden Zeremonien teil und hatten zusätzlich Unterrichtsstunden bei ihren Lehrern. Zwischen 15 und 25 Jahren konnte der junge Mönch in einer zweiten Weihe Getsul werden und hatte von da an 36 Mönchsregeln zu befolgen. Um die volle Ordination, die Würde des Gelong zu erlangen, mußte der Anwärter mindestens 20 Jahre alt sein. In einer feierlichen Zeremonie wurde er ordiniert und hatte von da an 250 Regeln zu beachten. Äußerlich kann man die drei Mönchsränge an der Farbe der Kleidung erkennen. Das Obergewand des einfachen Mönchs ist braunrot, das des Getsul rot und das des Gelong gelb oder orange.

Innerhalb der Klostergemeinschaften waren immer nur ein kleiner Teil der Mönche Gelongs oder gar hochgebildete Lamas. Der größte Teil bestand aus einfachen Mönchen, den sogenannten Trappas, die das Kloster instandzuhalten und zu reinigen hatten, ebenso alle anderen Arbeiten von der Küche bis zu Botengängen ausführen mußten. Dem Kloster stand ein Abt, der Khenpo, vor; eine Art von Beamten hatte in den großen Klöstern die Verwaltung inne und zahlreiche Mönche übten besondere Funktionen, vom Vorsitz bei den Ritualen bis zur Mönchspolizei, aus. Die größeren Klöster, wie Drepung und Sera, fungierten speziell zur Ausbildung einer Mönchselite ähnlich großen Hochschulen. Diese Klöster waren in verschiedene Kollegien unterteilt, wobei jeder "Fakultät" ein eigener Abt vorstand. Die Äbte aller bedeutenden Klöster waren praktisch Tulkus, Wiedergeburten füherer Äbte oder im Range von Heiligen.

Die Mönche Tibets und auch der umliegenden Länder und Staaten, in welchen der tibetischen Ausprägung des Buddhismus gefolgt wird, wie Ladakh, Nepal, Sikkim, Bhutan, Mongolei und Teilen Chinas gliedern sich in eine Reihe von Sekten und Schulen. Die Lehrmeinungen dieser Schulen sind in den auf dem Mahayanabuddhismus fußenden Grundlagen gleich. Nur die differenzierte Deutung und Wertung einzelner Elemente der hauptsächlich im Kandschur und Tandschur, aber auch vielen weiteren Schriften, festgelegten Überlieferungen bezüglich Ihrer Effektivität zur Erreichung des Zieles: Verlöschen – Eingehen ins Nirvana, haben die Unterschiede der Sekten geschaffen. Die Schulen sind meist stark von einzelnen Lehrmeistern geprägt. Äußerliche Merkmale der verschieden beurteilten Gewichtigkeit von Einzelelementen sind bei den Sekten mehr oder weniger stark ausgeprägte tantrische und magische Züge bzw. die strengere oder lockere Ordensdisziplin.

Foto links: Zwei ältere Mönche im Jokhang. Von den ehemals rund 25000 Mönchen in Lhasa und der näheren Umgebung sind nur einige Hundert übrig geblieben.

Nyingmapa (rNin-ma-pa)
Die "Sekte der Alten", nichtreformierten "Rotmützen", gründet auf den Lehren Padmasambhavas. Die Nyingmapa pflegen und befolgen bis heute zahlreiche Tantras, die von den anderen Schulen als nicht geeignet betrachtet werden.

Saskyapa (Sa-skya-pa)
Die von etwa 1150 bis 1250 in Tibet vorherrschende Rotmützensekte. Die Äbte der Saskyapa hatten in dieser Zeit auch zum großen Teil bereits die weltliche Macht über Tibet und begründeten damit praktisch die Theokratie. Schutzgott der Saskyapa ist Hevajra. Die Saskyaäbte ordneten die tantrischen Schriften und schufen zahlreiche Schriften zu Dogmatik, Logik und Rhetorik. Hauptkloster war das Kloster Saskya in Südtibet, 1073 gegründet.

Kagyüpa (bKa-brgyud-pa)
"Die der Überlieferung der Vorschriften Folgenden"
Die Kagyüpaschule basiert auf der Lehre von Siddha Naropa und wurde in der Mitte des 11.Jahrhunderts von Guru Marpa gegründet. Schwerpunkt der Kagyüpalehre sind "Tantraerfahrungen" und Yoga.
Die Kagyüpaschule spaltet sich in viele Zweige, wie
Drukpa (aBrug-pa)
Die Drukpa-Kagyüpa sind besonders stark in Bhutan vertreten. Heute ist diese Sekte auch in Ladakh verbreitet. Oberhaupt der Sekte in Ladakh ist der Drukpa Rinpotsche, in welchem der indische Siddha Naropa inkarniert ist.
Karmapa (kar-ma-pa)
Die Karmapaschule gründet sich auf Gampopa, einen Schüler Marpas und Milarepas und Gampopas Jünger Düsüm Khenpo, der die Inkarnationsreihe der Karmapas begann und das Hauptkloster dieser Sekte: Tsurphu (mTs'ur-p'u) 1189 in der Nähe Lhasas gründete. Wie auch die Drukpa folgen die Karmapa hauptsächlich der Mahamudratradition. Heutiges Oberhaupt der Schule ist seit 1924 Gyalwa Karmapa Rangjung Rigme Dorje, die 16. Inkarnation einer Manifestation von Avalokiteshvara.

Foto links: Gläubige Tibeter schafften sich durch fortlaufendes Schlagen mit einem Stein ein Mal auf der Stirn, wie bei diesem Mann: das "Dritte Auge der Weisheit".

Drigunpa (aBri-gun-pa)
Diese Sekte nannte sich nach ihrem Hauptkloster aBri-gun. Die Drigunpa machten den Saskyapa erfolgreich die Vormachtstellung streitig.

Kadampa (bKa-gdams-pa)
"Die die Vorschriften zur strengen Richtschnur Nehmenden"
Die Kadampaschule, um 1050 gegründet, konnte sich nach der "Zweiten Verbreitung der Lehre" bilden und gründet besonders auf Atisha und Rinchen Tsangpo. Hauptförderer war Dronton.Die Kadampa bekämpfte bereits Auswüchse der tantrisch geprägten Schulen, ist als teilreformierte Sekte anzusehen und bildet praktisch die Basis der späteren Reformen der Gelugpas.

Gelugpa (dGe-lugs-pa)
"Sekte der Tugendhaften", "Gelbmützen"
Die Gelugpasekte wurde Ende des 14.Jahrhunderts vom Reformator Tsongkhapa gegründet. Insbesondere wurde durch die Reform Tsongkhapas gemäß dem von Buddha Gautama gestifteten Mönchsorden mit Einhaltung des Zölibats und vielen weiteren Regeln die Mönchsdisziplin bei der Gelugpa wiederhergestellt. Die Kadampaschule ging weitgehend in der Gelugpasekte auf. Die Gelugpas waren Voraussetzung und Träger der "Gelben Kirche". Ihr Oberhaupt ist der Dalai Lama.

Die tantrischen Geheimlehren des direkten Weges zur Erleuchtung wurden weniger in den Klöstern vermittelt. Wollte ein Schüler in die Geheimlehren eindringen, so mußte er sich einem Meister der Tantras, die vielfach dem ablenkenden Treiben der Klöster entflohen und in Einsiedeleien versteckt in den Bergen hausten, als persönlichem Lehrer anvertrauen. Unter dessen Anleitung mußte der Anwärter bei asketischer Lebensweise schwere Übungen, Riten und Gefahren durchlaufen, die mit Atem-, Konzentrations- und Meditationsübungen begannen. Die tantrischen Lehrauffassungen, Gebräuche und geistigen Übungen sind nicht aufgeschrieben und streng geheim, sie wurden jeweils vom Meister auf den Schüler vererbt. Manche Asketen verbrachten viele Jahre damit, in vollständiger Weltabgeschiedenheit, u.U. eingemauert,

Foto rechts:
Bußübungen: Niederwerfen vor dem Jokhang.

ohne Feuer und fast nackt auch in der Winterkälte ausharrend, zu meditieren. Die Askese tantrischer Meister und ihr Zauberritus, der "direkte Weg", gilt als schnellste Form zur Erlangung der Erleuchtung. Die Mönche in den Klöstern hatten durch Belehrung, Riten und Meditation ebenfalls Chancen, das Ziel des Erleuchtetwerdens und des Verlöschens zu erreichen, während bei den Laien, wegen deren Unkenntnis und Lebensweise, das Ziel der Erleuchtung in ihrem jetzigen Leben fast ausgeschlossen war.

Bei den Tulkus, den Wiedergeburten von Buddhas, Bodhisattvas und Heiligen, geht man davon aus, daß die lebenden Verkörperungen durch ihren Lebenswandel, ihre Übungen und Meditation in der Lage sind, die Wiedergeburt bewußter zu machen, d.h., der Tulku stellt eine Verbindung zwischen seinen früheren und der zukünftigen Existenz her. Lama Anagorika Govinda hat das Wesen der Tulkus so definiert: Tulku sein bedeutet nicht, "daß ein göttliches Wesen oder ein Buddha oder ein Bodhisattva vom Himmel herabgestiegen ist und nun in menschlicher Form erscheint, sondern vielmehr, daß eine göttliche Idee in einem menschlichen Wesen in solchem Maße verwirklicht worden ist, daß es die lebendige Verkörperung dieser Idee darstellt. Und nachdem er in solcher Weise die Begrenzung einer bloß individuellen Existenz durch die Erkenntnis seines universellen Hintergrundes oder seiner zeitlosen Quelle überwunden hat, greift ein Tulku über die Grenzen des Todes hinweg, indem er eine bewußte Kontinuität zwischen seinen aufeinanderfolgenden Existenzen herstellt." 10) Ist ein Tulku gestorben und hat nicht bereits Hinweise auf seine zukünftige Verkörperung gegeben, so bedeutet dies für seine Mönche, Sekte und Anhängerschaft die große Schwierigkeit, die neue Wiedergeburt zu finden. Oft hat dies Jahre gedauert, und auch Irrtümer sind vorgekommen. Zur Auffindung einer neuen Verkörperung siehe S. 96.

Foto rechts: Klosterstadt Drepung,
westlich von Lhasa.

Klöster mit unschätzbaren Einrichtungen und Ritualgegenständen

Buddha forderte für seinen Mönchsorden zunächst keine klosterähnlichen Stützpunkte. Schon zu Beginn der Ausbreitung des Buddhismus nach Westen und Norden benötigten die Mönche jedoch als Witterungsschutz feste Unterkünfte (skr.Vihara). Umsomehr konnte sich das religiöse Leben der Mönche im extremen Klima Tibets nur in festgefügten Klosteranlagen entwickeln und die großen traditionsreichen Klöster wiederum waren die Basis der Theokratie unter der Gelben Kirche.

Das Wort Gompa oder Gonpa bedeutet ursprünglich Einsiedelei und obwohl es später für die großen Klosterstiftungen als Bezeichnung verwendet wurde, so kann man doch davon ausgehen, daß Einsiedeleien als die Ursprünge vieler tibetischer Klöster angesehen werden müssen. Die Einsiedeleien boten den weltabgewandten Asketen Schutz vor der Witterung, aber auch Schutz vor den Zeitgenossen und waren deshalb oft unter Ausnützung natürlicher Höhlen in schwer zugänglichen Gebieten errichtet. Einige Einsiedeleien bestehen bis zum heutigen Tage, andere wurden durch fortlaufende Erweiterungsbauten zu Klöstern. Viele Klöster wurden aber auch nach Plan neu errichtet, so das erste Kloster Tibets: Samye. Die Lage bestimmten astrologische Berechnungen. Oft waren es weit die Landschaft überschauende Solitärfelsen oder Bergrücken. In kleineren Klöstern wirkten nur 10, 20 oder 30 Mönche, die großen Klosteranlagen entwickelten sich praktisch zu selbständigen Städten mit bis zu 10 000 Mönchen. Die größten Klöster waren Drepung, Sera und Galdan.

Diese drei bildeten die sogenannten "3 Säulen des Staates", dazu kam Tashi Lhunpo, der Sitz des Pantschen Lama bei Schigatse mit cirka 4000 Mönchen und Kumbum in Amdo mit 3000 - 4000 Mönchen. Vielfach entwickelten sich Laiensiedlungen in der Nähe bereits bestehender Klöster.

Die Klöster waren als Stiftungen errichtet und besaßen umfangreiche Ländereien. Das Land wurde verpachtet und die Pachteinnahmen in Geld und Naturalien bildeten den Grundstock der Einnahmen für die Unterhaltung des Klosters. Weitere Einnahmequellen der Gompas waren der Handel und zwar nicht nur

Devotionalienverkauf, sondern das gewerbsmäßige Geschäft mit den Wirtschaftsgütern des Landes, die Bereitstellung von Tragtieren und Führern für Karawanen sowie die "Gebühren" der Mönche für Rituale außerhalb der Klöster und nicht zuletzt Spenden der großen Pilgerscharen.

Kleinere Dorfschreine bestanden nur aus einem einzigen Raum, der gleichzeitig als Versammlungsraum wie als Bibliothek und Ort für das Hauptgötterstandbild diente. Die großen Anlagen besaßen eine Reihe von Tempelhallen, Meditationsräumen, Nebengebäuden, Magazinen, Räumen für die Äbte und Wohnungen für die Mönche. Zur normalen Klosteranlage zählte ein Lhakhang, die Halle, in der das Hauptgötterbildnis steht; daneben der Dukhang, die Versammlungshalle der Mönche mit dem meist anschließenden Raum für die Schutzgötter,dem Gonkhang. Im Gonkhang befinden sich in erster Linie Standbilder von Yamantaka und Mahakala, aber auch anderer Dharmapalas, den hochverehrten "Beschützern der Lehre", außerdem Votivtschörten oder Tschörten, in welchen die einbalsamierten Gebeine von Äbten oder Heiligen ruhen. Weiter gehören zur Klostereinrichtung der Kandschur-Lhakhang (Bibliothek), der Simtschung (Räume des Abtes), der meist in einem oberen Stockwerk über dem Dukhang oder Lhakhang liegt sowie die große Küche, der von Galerien umgebene Religionshof, in welchem die Tschamtänze, die großen Maskenfeste, abgehalten werden und die Wohnhäuser - in Nordtibet oft Jurten und Zelte - der Mönche. In Nebenräumen waren Ritualgeräte, wie Tschammasken, untergebracht sowie Materialien und Lebensmittel eingelagert. Die Zugangswege zu den Klöstern waren gesäumt von Tschörten und Manimauern. Weitere äußere Merkmale von Klöstern, deren Anlagen oft von Mauern geschützt werden, sind große rostbraune Architekturgliederungen im oberen Teil der Hallen und auf den Dachecken die Siegesbanner, die Dschalts' an, zylinderförmige Fahnen, die auch als goldbelegte Metallzylinder mit Gebetsblättern gefüllt, ausgeführt wurden. Weiter befinden sich auf den Dächern häufig Symbole wie das Rad der Lehre mit zwei Gazellen, an die erste Predigt Buddhas im Gazellenhain bei Sarnath erinnernd und das Namtschuwangdan.

Lhakhang und Dukhang besitzen fast immer eine Vorhalle, an deren dem Tempel zugewandter Wand die vier Weltenhüter wachen. Häufig dargestellt sind in den Vorhallen Wandmalereien, die den Laien die Grundzüge der Lehre vermitteln und Symbole, die u.a. die Kraft des Buddhismus erläutern sollen. Dazu zählen das Rad der Lehre wie auch das Rad des Lebens (s.S.46) und das Mantra "Om mani padme hum". Diese Formel läßt sich wörtlich etwa übersetzen: "Das Kleinod liegt im Lotos". Eine sinngemäße Übersetzung ist nur schwer möglich. Im "Om mani padme hum" ist der Wunsch den Weg Buddhas nachzuvollziehen ebenso wie das Ziel des Verlöschens symbolisiert. Der Bedeutung entsprechend ist die Gebetsformel hundert- oder tausendfach gedruckt in den Handgebetsmühlen enthalten, vieltausendfach in den großen Gebetszylindern der Klöster und unzählige Male auf Gebetsfahnen wie auf Klostermauern und Ritualgeräten zu finden. Weiter ist häufig das Namtschuwangdan, das ineinandergeflochtene Monogramm der "Mächtigen zehn Formeln" dargestellt. Im Namtschuwangdan sind die 7 Silben Ha, Kscha, Ma, La, Va, Ra und Ya zusammengezogen und werden von Mondsichel, Sonne und der Flamme der Weisheit bekrönt. Den Silben und Symbolen entsprechen im Mikrokosmos des Menschen Adern und Körperteile. Neben dem "Om mani padme hum" gilt dieses Mantra als äußerst wirkungsvoll.

Daneben werden, wie auch vielfach auf Kultgeräten sichtbar, die "Acht glückverheißenden Symbole" dargestellt, die unterschiedlich gedeutet werden:

1. Der kostbare,religiöse weiße Schirm:	Schirmt vor allem Übel
2. Zwei goldene Fische:	Symbolisieren Glück
3. Weihwassergefäß oder Schatzvase (Bumpa):	Enthält geistige Schätze, oft als Gefäß für Lebenswasser oder Unsterblichkeitstrank gedeutet
4. Lotosblume:	Symbol für Buddha wie auch für den Buddhismus, ebenso Symbol für Reinheit
5. Weiße Muschel mit rechtsdrehender Windung:	Sinnbild für die Verbreitung der Lehre
6. Endlosknoten:	Zeichen des zur "Vollendung gelangten Geistes", oft einfach als Symbol der endlosen Wiedergeburten, aber auch als Glücks- und Liebesknoten gedeutet
7. Siegesbanner:	Weht über dem Weltberg Meru, symbolisiert den Sieg des Buddhismus
8. Goldenes Rad:	Das Zeichen für die Lehre, welche befolgt werden soll.

Abbildung rechts: Die " Acht glückverheißenden Symbole"
Auf dem Deckel eines Amulettkastens
aus versilbertem Kupfer dargestellt.
Im Zentrum das Namtschuwangdan.

Dazu treten oft noch die 7 Kostbarkeiten, die ein Weltherrscher unbedingt benötigt:

1. Rad:	Symbol der Welt, Rad des Gesetzes
2. Edelstein:	Der alles erfüllende Edelstein Cintamani, schützt vor Krankheit und Tod
3. Königin:	Die edle Königin
4. Minister:	Der beste Minister führt die Befehle des Herrschers aus
5. Weißer Elefant:	Der wichtige Kriegselefant
6. Pferd:	Das beste Pferd
7. Heerführer:	Der siegreiche Heerführer.

Weiter finden sich neben Kalendern oft das Windpferd und das Khan-lob-tschö-sum, ein Flammenschwert auf einem Lotos im Meer, wobei das Schwert Srongtsan Gampo, der Lotos Padmasambhava und das Meer Santaraksita symbolisieren.

Über eine hohe Schwelle betritt man den Kultraum, eine Säulenhalle mit möglichst 108 Säulen und findet gegenüber der Tür, oft über mehrere Stockwerke reichend, die Hauptgötterstatue, vielfach Shakyamuni oder Maitreya. Die Figuren bestehen aus Ton, häufig auch aus vergoldeter Bronze oder Kupferblech, sind innen hohl und mit auf Papier geschriebenen Mantras, Edelsteinen oder Münzen gefüllt. Nur mit diesem "Inhalt" werden die Standbilder als geweiht angesehen. Außer der oder den Hauptfiguren stehen rechts und links neben diesen die Standbilder von Heiligen, Bodhisattvas und früheren Äbten oder der Stifter. Vor den Statuen befindet sich eine Art Altar, auf welchem die Opfergaben aufgebaut sind. Zu diesen gehören 7 Opferschalen, die erste, zweite und sechste mit Wasser, die dritte mit Blumen, und die vierte mit Räucherwerk gefüllt, die fünfte dient als Butterlampe und in der siebenten befinden sich Wohlgerüche; weiter eine große Butterlampe als ewiges Licht; Ritualkuchen (Torma) aus Butter und Gerstenmehl, Honig und Zucker sowie eine meist kupferne Schüssel, in deren Mitte ein Reisberg den Berg Meru versinnbildlicht. In diese Schüssel steckt man Opfer und Spenden in Form von Münzen oder auch Geldscheinen. Senkrecht zu den Altaraufbauten, einen Mittelgang freilassend, sitzen in langen Reihen die Mönche während der Rituale. In den ersten Reihen die vollordinierten

Foto links: Fassade eines Dukhangs, einer Versammlungshalle der Mönche, mit davorliegendem Religionshof in Sera. Die Leinenvorhänge schützen die Malereien der Vorhalle. An der Attika das Symbol des Rades mit Gazellen und ein Namtschuwangdan. Auf dem Dach stehen Dschalts' an, Siegesbanner des Buddhismus.

Mönche, weiter rechts und links zu den Seitenwänden die Novizen. Äbte und Vorsteher haben erhöhte Sitze in der Nähe des Altars. Der höchste Sitz ist meist leer: auf ihm symbolisiert ein Bild die Anwesenheit des Dalai Lama.

Auf niedrigen Tischen vor den Sitzkissen liegen die Ritualgeräte der Mönche:

Dordsche (skr. vajra): Dorje	Donnerkeil, das Diamantzepter des Buddhismus, aus Bronze oder Stahl
Drilbu (skr. ghanta):	Glocke, deren Griff mit der Hälfte eines Donnerkeils geschmückt ist
Tschangte (skr. damaru):	Schädeltrommel aus zwei gegeneinandergesetzten Schädelkalotten, deren Öffnungen mit Leder überspannt sind
Purbu (skr. kila):	Zauberdolch mit drei Schneiden, der Griff oft mit dem pferdenackigen Schutzgott geziert, aus Elfenbein, Holz, Bronze oder Stahl
Bumpa (skr. kalaca):	Weihwassergefäß mit Pfauenfedern, meist aus Messing, Kupfer, seltener Silber
Thodpa (skr.kapala):	Schädelschale.

Zu den Kultobjekten in den Tempeln zählen auch die Musikinstrumente. Die Ritualmusik gehört mit zur Liturgie und ist nicht als harmonisches musikalisches Kunstwerk in unserem Sinne anzusehen, sondern der Ausdruck "elementarer Naturphänomene". Jedes Instrument vertritt dabei besondere Elemente, die langen Trompeten zum Beispiel den kosmischen Urlaut, Pauken und Trommeln die Unendlichkeit, die Bewegung des Kreislaufs der Wiedergeburten.

Kangling:	Menschenknochentrompete oder kleine Trompete mit gespreizter Öffnung
Tschödung/Dung:	Posaune, große bis zu 5 Meter lange Trompete
Lag-rna:	Große Trommel
Dunkar:	Weißes Muschelhorn
Dschagling:	Kleine Trompete
Rolmo:	Becken (speziell um Dämonen zu rufen, damit diese die Opfer annehmen können)
Dingsha:	Zimbeln

Abbildung rechts: Donnerkeil und Glocke, die wichtigsten Ritualgeräte während der Zeremonien und ein Gebetszylinder.

In die Reihe der Ritualobjekte gehören auch die Knochenschürzen (aus Menschenknochen) der Schwarzhutzauberer, die Rosenkränze und Amulettkästen von Lamas und Laien sowie die zahlreichen Attribute, mit welchen die Gottheiten ausgestattet sind und die zur Identifizierung helfen, wie Dreizack, Wanderstab, Hackmesser, Bogen, Krummdolch, Buch, Windpferd, Lotos, Sonne, Pfeil, Schlange, gekreuzter Donnerkeil, Flamme und weitere. 11)

Die Wände der Lhakhangs sind durchgehend bemalt. Auf der Rückseite — der Eingangsseite — befinden sich Malereien der "Beschützer der Lehre", auf den Seitenwänden Darstellungen Buddhas, wie die Lebensgeschichte Shakyamunis oder Darstellungen von 100 bzw. 1000 Buddhas als auch Bodhisattvas, Heilige, Dalai Lamas und Äbte sowie Begebenheiten aus deren Leben. Beliebte Darstellungen sind auch andere Klosteranlagen, Anweisungen für die Mönche zum Klosterbau, Bau von Tschörten, Anleitungen für Rituale und Verhalten sowie die Kleidung zu verschiedenen Anlässen. Häufig sind auf den Wänden Mandalas (Tschilkor) gemalt. Die Mandalas stellen jeweils die Welt als kreisrunde Scheibe dar, in der als Quadrat die vier Himmelsgegenden verschiedenfarbig enthalten sind. Das Zentrum füllt eine Gottheit mit ihrem Gefolge aus. Bei Einweihungen von Mönchen werden große Weltbilder als Mandalas von einem oder mehreren Mönchen aus Farbstaub auf dem Boden als Initiationsmandalas in oft wochenlanger Arbeit hergestellt.

Dukhangs und Lhakhangs sind weiter geschmückt mit farbigen Brokatbändern, Siegesbannern und Rollbildern (Thangkas). Die Götterfiguren selbst werden mit Khataks, den weißen Ritualschleifen, geziert.

Die weitaus größere Zahl tibetischer Klöster ist Männern vorbehalten, Nonnenklöster gibt es nur wenige.

Tschörten und Manimauern

Zwei Arten von Baulichkeiten des tibetischen Buddhismus tragen ihre Funktion in sich selbst bzw. die Funktion ist bereits mit dem Bau erfüllt: Tschörten (Reliquienschreine) und Manimauern (Gebetsmauern). Tschörten sind die tibetische Entsprechung der zahlreich in allen buddhistischen Ländern vor-

Abbildung links:
Bumpa, das Weihwassergefäß

kommenden Stupas. Die Ursprünge der Stupas sollen bis zum Tode Buddhas zurückgehen. Acht Fürsten teilten sich die nach dem Verbrennen der sterblichen Hülle Buddhas verbliebenen Reliquien, nahmen sie mit in ihre Heimat und mauerten sie in Stupas als Reliquienschreine ein. Die frühen Stupas waren meist in Form flacher Terrassen mit einer Halbkugel darüber, wie in Sanchi, ausgebildet. Verbindungen der Stupaformen zu Grabhügelbauten und dem Stufenkosmos ägyptischer Pyramiden sind nachgewiesen. Später wurden in den zahllosen weiteren Stupas heilige Bilder, Gegenstände, Plastiken und Bücher eingeschlossen.

In den tibetischen Tschörten aus Lehm oder Feldsteinen sind seltener Reliquien eingemauert, oft wurden Kultgegenstände, Gebetsblätter oder kleine Tonfiguren (Tsa-tsa) eingebaut, oder die Asche Verstorbener mit dem Mörtel vermischt. Die Größe reicht von etwa 1 Meter Höhe bis zu mehrgeschosshohen Anlagen wie dem großen Tschörten bei Gyantse. Der Symbolgehalt einzelner Bauteile in den Tschörten überlagert sich, in den Details variiert er auch örtlich. Der quadratische terrassenförmige Unterbau steht für das Element Erde, die Glocken- oder Zylinderform für Wasser, die Spitze für Feuer, der nach oben offene Halbkreis für Luft, der Flammentropfen auf der Spitze für das Element Äther. Wenn in der Symbolik allgemein die Götterfigur für Leib steht und das Buch für das Wort, so steht der Tschörten für den Gedanken. Die in 7 oder 13 Ringen aufgelöste Spitze symbolisiert die 7 oder 13 Stufen des Himmels.

In der Aufsicht betrachtet gleicht der Tschörten formal einem kosmischen Mandala und hat auch gleiche Symbolkraft. Der Weltenberg Meru bildet dabei die Achse, die vier Quadratseiten sind nach den Himmelsrichtungen orientiert.

Neben den 8 in der Tradition festgelegten Tschörten unterscheiden die Tibeter drei Tschörtenarten:

Tschangtschubtschörten (Reliquienschreine der Erleuchtung), der am häufigsten vorkommende Tschörten mit der "Bumpa", dem Gefäß über quadratischem gestuften Sockel, darüber 7 oder 13 Schirme und dem Sonne-Mond-Symbol.

Lhapap (Vom Abstieg vom Himmel) Tschörten mit einer oder vier Treppen, die den gestuften Unterbau überwinden und die einen schmalen Umgang um das

Abbildung rechts: Namtschuwangdan, das Symbol der "Zehn Mächtigen", aus 7 zu einem Monogramm verschlungenen Silben sowie Mond, Sonne und Flamme.

Gefäß erschließen.

Sgo-man (Tschörten mit vielfachen Türen), dieses sind die mehrere Geschosse hohen Reliquienschreine, wie derjenige von Gyantse mit vielen Räumen (Türen) im Inneren. 12)

Tschörten genießen gleiche Verehrung wie Heiligenfiguren, sie werden trotzdem oft nicht gepflegt: die eigentliche heilige Handlung und das "Tugendverdienst" liegt in der Stiftung und Realisierung.

Ähnlich verhält es sich mit den Gebetsmauern. Manimauern haben bei einer Höhe von etwa 1,50 Metern und Breiten zwischen 1 und 6 Meter Längen von einigen Metern bis zu mehreren Kilometern. Sie wurden besonders an den Zuwegen zu den großen Klöstern angelegt und bestehen aus lose aufgeschichteten, rund geschliffenen Flußwacken und schiefrigen Gesteinsstücken bis zu etwa 50 cm Größe. Wandernde Mönche verdienten sich ihren Lebensunterhalt damit, heilige Anrufungsformeln, meist das Mantra "Om mani padme hum", Abbilder von Gottheiten oder Mandalas in Steine zu hauen oder zu kerben und diese Steine wurden zu den gewaltigen Manimauern aufgebaut. Diese Mauern sind tausendfach Gebet, Anrufung, Wunsch nach Erlösung und Verehrung zugleich; sie werden wie alle buddhistischen Heiligtümer von vorbeikommenden Wanderern und Pilgern im Uhrzeigersinn umschritten.

Die zahllosen Tschörten und Manimauern Tibets fielen zu großen Teilen der Kulturrevolution zum Opfer. In der Gegend um Lhasa und in der Stadt findet man beides nicht mehr.

Abbildung links: "Acht Tschörten" auf einem Rollbild symbolisieren die acht Schreine, in welchen die Reliquien Buddhas verwahrt wurden.

Nächste Seite: Der Tschörten in Gyantse, der größte Tschörten Tibets, 1427 von Tschöghill Raptenkunsangphakpa errichtet. Wegen der vielen Kapellen (mit vielen Türen), durch welche man zur Hauptkapelle gelangt, wird diese Art "Tschörten mit zahlreichen Türen" bezeichnet.

IV.

Die Organisation des Staates bis 1959

Im Laufe seiner Geschichte erlebte Tibet die verschiedensten Regierungsformen, vom Militärstaat des großtibetischen Reiches über feudale Fürstentümer und die Theokratie der Dalai Lamas bis zur autonomen Region unter der Zentralregierung der Volksrepublik China. Umrissen werden nachfolgend die Staatsgremien der Theokratie, die ab Mitte des 17. Jahrhunderts mit nur wenigen Veränderungen bis 1959 die Geschicke Tibets unter jeweils mehr oder weniger chinesischer Oberhoheit, beziehungsweise von 1911 bis 1950 unabhängig, lenkten.

Dalai Lama, Regent und Pantschen Lama

Nachdem 1641 dem 5. Dalai Lama, dem Weltmeerpriester Nawang Lobsang Gyatso, vom mongolischen Fürsten Gusri Khan auch die weltliche Macht in die Hände gelegt wurde, hatten die Dalai Lamas als geistliche und weltliche Herrscher Tibets in einerPerson zumindest nominell die volle Macht über das Land. Sie wurden als Gottkönige verehrt, hatten die Macht zu adeln oder zu entadeln ebenso wie das Recht, über den gesamten Boden zu verfügen, d.h. sowohl Lehen zu geben als auch einzuziehen. Die Weltmeerpriester werden seit dem 3. Dalai Lama Gedün Trubpa als Wiedergeburten des Bodhisattva Padmapani, bekannt als vierarmiger Avalokiteshvara, tibetisch Tschenrezi, der mitleidvollen Schutzgottheit Tibets, angesehen und gepriesen. Unmittelbar nach dem Tode eines Dalai Lamas muß jeweils mit der Suche nach der neuen Inkarnation begonnen werden. Hilfen dabei sind Hinweise des Verstorbenen, des Pantschen Lama oder des Regenten, Weissagungen des Staatsorakels, die Deutung besonderer Zeichen und das Herausfinden von Gegenständen aus dem persönlichen Besitz der vorausgegangenen Inkarnation. Noch als Kinder wurden die Dalai Lamas als Novizen in die Mönchsgemeinschaft der Gelugpas (in einem Kloster im Potala) aufgenommen. Sie erhielten bis zu ihren Prüfungen, die sie normalerweise im 18. Lebensjahr ablegen mußten und nach denen sie die Reife für die Regierungsübernahme aufwiesen, eine strenge Ausbildung von zwei persönlichen Tutoren, vollordinierten Gelugpamönchen, in welcher neben dem Allgemeinwissen und der tibetischen Sprache die

Foto links: Der Dalai Lama
in seinem Exil
in Dharamsala/Kangratal in Nordindien.

buddhistische Philosophie den Schwerpunkt einnahm. Die Prüfungen vor der Regierungsübernahme legte der 14. Dalai Lama wegen der kritischen politischen Situation ausnahmsweise schon mit 15 Jahren in Diskussionen mit den weisen Gelongs des Landes und unter Beteiligung vieler tausend Mönche in den Klöstern Galdan, Drepung und Sera ab. Regierungssitz der Dalai Lamas war der Potala, im Sommer wohnten sie im Norbulingkha, der Sommerresidenz.

Die Probleme des oft schwierigen Suchens der neuen Inkarnation werden am Beispiel der Entdeckung Seiner Heiligkeit des 14. Dalai Lamas, die dieser selbst sehr ausführlich geschildert hat, deutlich.

1933 verstarb der 13. Dalai Lama, unmittelbar danach begann man mit der Suche nach der neuen Inkarnation und wählte für die Zeit bis zu deren Volljährigkeit einen Regenten. Zunächst wurden die Orakel befragt, an welchem Ort die neue Wiedergeburt zu finden sei. Eine Reihe von Hinweisen, wie außergewöhnliche Wolkenbildungen im Osten Lhasas, die Wendung des Kopfes des verstorbenen Dreizehnten nach Osten sowie ein sternförmiger Schwamm an der östlichen Seite des Reliquienschreines für den "toten Körper" wiesen nach Nordosten. 1935 sah der Regent im Wasser des heiligen Sees Lhamoi Latso drei Schriftzeichen sowie ein jadegrünes Kloster und ein Haus mit türkisfarbenen Ziegeln. 1936 wurden Suchtrupps nach allen Teilen Tibets gesandt. Die nach dem Nordosten gewanderte Gruppe fand nahe des mit grünen Dächern versehenen Klosters Kumbum im Dorf Taktser ein Haus mit türkisfarbenen Ziegeln. Der Führer des Suchtrupps, Lama Kewtsong Rinpotsche aus Sera, verkleidete sich als Diener, und so betrat ein Teil der Gruppe das Haus. Trotz der Verkleidung ging das jüngste Kind der Familie sofort zu dem Mönch aus Sera, setzte sich auf dessen Schoß und wünschte den Rosenkranz des Lama – ein Stück aus dem Besitz des Dreizehnten Dalai Lama. Vor dem ganzen Suchtrupp wurden dem Kind dann eine Reihe von Gegenständen wie Rosenkränze, Trommeln und Wanderstäbe vorgelegt, wobei jeweils ein Stück dem letzten Dalai Lama gehört hatte: der Junge griff jeweils nach diesen Stücken. Daraufhin war der Suchtrupp der Meinung, die neue Inkarnation, den 14. Dalai Lama, gefunden zu haben. Die Silben, die der Regent im Wasser geschaut hatte, ah, ka und ma wurden gedeutet als Amdo für den Bezirk, in der die Inkarnation gefunden wurde und ka - ma für das Kloster Karma Rolpai Dorje oberhalb von Taktser.

In der Zeit zwischen dem Ableben eines Dalai Lama und der Volljährigkeit der nächsten Wiedergeburt hatte ein Regent (Po Gyalpo) die Regierungsgeschäfte zu führen. Diese Regenten wurden von einer Art Nationalversammlung gewählt und konnten auch abgesetzt werden. Meist wurden Äbte aus den Klöstern

Galdan, Drepung oder Sera – den drei Säulen des Staates – oder ihrer Zweigklöster, immer jedenfalls Gelugpamönche, zu Regenten gewählt.

Zeitweise erlangten die Regenten eine weit größere Macht, als ihnen zugedacht war. So wurden die Regenten vom 6. bis 12. Dalai Lama so mächtig und machthungrig, daß sie mit dafür sorgten, daß keiner dieser Dalai Lamas überhaupt erst das regierungsfähige Alter erreichte.

Die Pantschen Lamas hatten weniger Einfluß in der Zentralregierung. Die Provinz Tsang regierten sie dagegen teilweise autonom gegenüber Lhasa.

Der 5. Dalai Lama hatte seinen greisen Lehrer aus Dankbarkeit zum Pantschen Lama (Priesterjuwel) ernannt. Er hatte damit – ohne Absicht natürlich – ein Gegengewicht zu den Dalai Lamas geschaffen, das später oft zu Zwistigkeiten führte, die tief in die tibetische Entwicklung eingriffen.

Der Pantschen Lama wird als Inkarnation des Amitabha, des Buddhas des unendlichen Lichts angesehen, während im Dalai Lama "nur" die Inkarnation eines Bodhisattvas verehrt wird. Da die Inkarnation eines Buddhas höher einzuschätzen ist, als die eines Bodhisattvas, lag in der Ernennung schon der Keim schwelender Kompetenzstreitigkeiten. Von chinesischer Seite wurde der Pantschen Lama des öfteren im Laufe der Geschichte gegen den Dalai Lama ausgespielt. Sitz des Pantschen Lama war das Kloster Tashi Lhunpo bei Schigatse in der Provinz Tsang.

Das Staatsorakel

Schwierige Staatsfragen wurden oft nicht vom Dalai Lama, dem Regenten oder dem Ministerrat, sondern durch einen Orakelspruch entschieden. Neben vielen lokalen Sehern gab es in Tibet ein Staatsorakel. Das Staatsorakel hatte seinen Sitz in dem eigens dafür eingerichteten kleinen Kloster Netschung. Orakelpriester konnten nur für Bewußtseinsänderungen sensibilisierte und mit abnormen geistigen Fähigkeiten ausgerüstete Menschen werden,sowohl Laien als auch Mönche; Wunsch oder Wille halfen dabei nicht. Im Gegenteil kam es vor, daß Menschen mit diesen Fähigkeiten oder deren Angehörige es nicht zulassen wollten, daß ein "religionsschützender Geist" aus ihnen sprach. Die besonderen Fähigkeiten eines Orakels, eines Sehers, wurden meist von Priestern oder Lamas entdeckt und beobachtet. Vor der Institutionalisierung eines neuen Staatsorakelpriesters hatte dieser eine Prüfung abzulegen und mußte auch mit den höheren Stufen der Meditation vertraut sein. Der letzte Netschungorakelpriester, Netschung Tschödsche, wurde etwa 1920 in Lhasa geboren und mit 16 Jahren als Orakel anerkannt. Durch den Körper des Netschung Tschödsche spricht der Gott Pehar. Die Orakelaussagen werden in der Ekstase eines Trancezustandes gegeben. Die Bewußtseinsveränderung des Mediums für die Orakelweissagungen wird durch verschiedene, nachprüfbare kombinierte Faktoren herbeigeführt, wie hypnotische Zustände, die mit Hilfe von Weihrauch aus Wacholder und Baumharzen unterstützt werden sowie durch Veränderungen des Blutkreislaufes und der Sauerstoffzufuhr, die durch das bis fast zur Strangulation reichende feste Umbinden eines Helms herbeigeführt werden.

Netschung Tschödsche hat – jeweils im Trancezustand – Ratschläge für wichtigste Fragen, z.B. im Zusammenhang mit der früher als gewöhnlich erfolgten Einsetzung des 14. Dalai Lama in die Regierungsgeschäfte und den Einmarsch der chinesischen Truppen in Tibet,gegeben, nach denen dann das entsprechende Regierungsorgan entschied.

Nach der Beendigung einer Orakelzeremonie wird das "Normbewußtsein" des Orakelpriesters wieder zurückgeführt und er unterscheidet sich nicht von den Menschen seiner Umwelt. Lama Netschung Tschödsche floh 1959 mit dem Dalai Lama nach Indien. Der Dalai Lama betonte mehrfach, daß die Orakel keinerlei religiöse Bedeutung haben und als weltliche Einrichtung anzusehen sind. (13)

Ministerrat, religiöses Büro und Nationalversammlung

Dem Dalai Lama unmittelbar unterstellt war ein Ministerrat, der Kashag für alle weltlichen Geschäfte sowie der Oberkämmerer mit dem ihm wiederum unterstellten Büro für religiöse Fragen. Der Kashag bestand aus vier Ministern, drei Laien und einem Mönch, die ursprünglich alle Probleme gemeinsam berieten. Anfang dieses Jahrhunderts begannen sich jedoch einzelne Ressorts zu bilden, so wurde 1912 ein Außenamt eingerichtet. Der Mönchsbeamte führte den Vorsitz im Ministerrat. Sitz dieses Rates war der

Foto rechts:
Der Pantschen Lama
im Exil in Peking.

Jokhang. Die normalen Tagesgeschäfte bearbeitete und entschied der Kashag direkt, wichtige Fragen wurden dem Dalai Lama zum Entscheid vorgelegt und die wichtigsten Staatsfragen erst in der Nationalversammlung (Tsongdü) beraten. Die Ergebnisse wurden formuliert und dann dem Kashag und dem Dalai Lama zur Entscheidung zugeleitet. Der Kashag führte die Aufsicht über die weltlichen Beamten und schlug dem Dalai Lama beim Ausscheiden Einzelner entsprechende Nachfolger vor. Für Rechtsfälle unter den Laien war der Kashag das höchste Beratungsgremium.

Das religiöse Büro mit vier Chefsekretären aus dem Mönchsstand war entsprechend dem Kashag für alle religiösen Fragen des Staates verantwortlich. Der Oberkämmerer fungierte als Mittler zwischen diesem Amt und dem Dalai Lama. Das religiöse Amt schlug dem Herrscher bei Erfordernis die Nachfolger für Mönchsbeamte vor.

Die vier Chefsekretäre des religiösen Amtes mit den vier Leitern des Finanzbüros bildeten den "Rat der Acht" (Drungtsi). Dieser Rat der Acht stand der National- oder Generalversammlung vor, einem beratenden Gremium, das nicht regelmäßig, aber bei wichtigen Staatsfragen einberufen wurde. Der Nationalversammlung gehörten etwa 400 Mitglieder an, darunter die Mönchs- und Laienbeamten, die Äbte der drei Hauptklöster, einige Offiziere der tibetischen Armee sowie Vertreter des Handwerks. Der Tsongdü wurde auch in einer verkleinerten Form mit etwa 10 Prozent der Mitglieder einberufen: in beiden Fällen vom Kashag nach Zustimmung durch den Dalai Lama.

Beamte des Klerus und Adels

Die tibetische Regierung in Lhasa kam bis 1959 mit einem Minimum an Beamten, insgesamt etwa 400, aus. Die Beamtenschaft setzte sich je zur Hälfte aus Laien und Mönchen zusammen, ursprünglich jeweils 175. In diesem Jahrhundert wurde diese Zahl langsam auf jeweils ungefähr 200 heraufgesetzt. Die Laienbeamten stammten fast ausschließlich aus begüterten Adelsfamilien. Sie erhielten nur ein geringes Gehalt, hatten dafür aber vom Dalai Lama Güter als

Foto rechts: Der Potala, Winterresidenz der Dalai Lamas
und Regierungssitz neben den Regierungsämtern,
die im Jokhang untergebracht waren.

Lehen, aus denen sie ihre Einkünfte schöpfen konnten. Diese Einkünfte benötigten sie dringend für ihre hohen gesellschaftlichen Verpflichtungen, die sich aus dem Rang des Amtes ergaben. Die Laienbeamtenanwärter besuchten zuerst eine Privatschule und wechselten mit etwa 15 bis 20 Jahren in die Schule für Laienbeamte, die an das Finanzministerium angegliedert war. Mathematik, Verwaltung und Steuerrecht waren die wichtigsten Lehrfächer.

Theoretisch konnte jeder Mönch der Gelugpasekte Mönchsbeamter (Tsedrung) werden, praktisch war dies jedoch wegen der erheblichen Mittel, die auch ein Mönchsbeamter brauchte, nur wiederum Mönchen aus aristokratischen Familien oder doch mit reichen Gönnern möglich. Voraussetzung eines Mönchsbeamten war, daß er aus einem der drei Klöster Galdan, Drepung oder Sera kam und die Schule für Tsedrungs im Potala mit Erfolg durchlaufen hatte.

Die weit entfernten Provinzen Amdo und Kham wurden von einem Gouverneur, der der Zentralregierung direkt unterstand, mit Sitz in Chamdo, verwaltet. Den über 100 Bezirken, in die ganz Tibet eingeteilt war, standen als direkte Vertreter der Regierung je ein oder zwei Dzongpon vor. Die Dzongpon waren zum größeren Teil weltliche Beamte aus Aristokratenkreisen, zum kleineren Teil waren es Mönchsbeamte. Ihre wichtigste Aufgabe war die Rechtspflege in den Bezirken und die Überwachung des Steuer- und Abgabeneinzugs. Viele Dzongpon zogen das Leben in der Hauptstadt vor, lebten deshalb dort und ließen sich in ihrem Bezirk vertreten.

Bei Verfehlungen konnte allen Beamten ihr Amt, der Adelstitel und die Lehensgüter entzogen werden. Das führte dazu, daß die Beamtenschaft, um nicht aufzufallen oder sich gar der Gefahr von Fehlern auszusetzen, nicht aktiver war, als unbedingt notwendig.

V.
Tibetische Kultur

२५९ व्याघ्रवाहन महाकाल | २६० शैलदेव महाकाल | २६१ भ्रसद् महाकाल

२७४ गतिभद्रा | २७५ कुण्ठभद्रा | २७६ भैषज्यदेवी

२८९ नागराज नन्द | २९० नागराज वरुण | २९१ नागराज उपनन्द

Basis kultureller Entwicklung

Ursprung und Entfaltung aller kulturellen Leistungen Tibets gründen auf dem tibetischen Buddhismus. Die Ergebnisse handwerklicher Volkskunst können dabei, ohne die kunsthandwerkliche Vollkommenheit von Schnitzereien, Teppichen, Sattelzeug und Webwaren zu mindern, vernachlässigt werden. Dies insbesondere unter dem Aspekt, daß vielfach die Motive der Volkskunst bei häuslichen Gerätschaften bis zum Sattel- und Zaumzeug der Pferde sich am Dekor und den Details religiös gebundener Kunst orientierten. Der Leitsatz, daß alle Kultur Tibets auf der Religion, der tibetischen Ausprägung des Mahayanabuddhismus, basiert, kann als Hilfe zum Verständnis tibetischer Kultur nicht deutlich genug hervorgehoben werden. Bei richtiger Wertung dieses Leitgedankens ist es auch selbstverständlich, daß unter tibetischer Kultur ein komplexes Ganzes zu verstehen ist, das nach Einführung der Theokratie der Gelben Kirche auch – die in anderen Staaten nur am Rande kultureller Betrachtungen liegenden – Gebiete wie Regierungsform und Staatsapparat mit einbezieht. Leicht verständlich dargestellt werden kann der Gesamtkomplex tibetischer Kultur nur durch das Umreißen verschiedener einzelner künstlerischer Ausdrucksarten, wie Malerei, Plastik, Literatur, Musik, Tanz, Theater und Architektur.

Mitbestimmend für die Entwicklungen von Einzelgattungen tibetischer Kunst waren die Lebensumstände der Tibeter: die Kargheit der Landschaft mit oft nur wenigen Materialien, das extreme Klima, mehr noch das Wanderleben der Nomaden. Die mobile Kleinkunst in Form von Bronzen, Tsa-tsa, kleinen Lehmfiguren und Reliefs als Votivbilder, ist deshalb stark ausgeprägt, und auch die weitverbreiteten Thangkas (Rollbilder) entspringen der Beweglichkeit der nomadisierenden Tibeter.

Gelegentlich findet man die Schöpfungen der tibetischen Kultur in der Literatur an China oder Indien angehängt. Diese Darstellungen entsprechen jedoch nicht der Selbstverständlichkeit und Eigenständigkeit tibetischer Kultur, die schon früh einen anderen Hochkulturen der Welt vergleichbaren Stand erreichte. Wie alle Kulturen sich jedoch nicht in einem völlig abgeschlossenen Raum entwickelten, profitierte auch die Kultur Tibets von äußeren Einflüssen, verarbeitete diese, um sie schließlich in der eige-

Abbildung links: Faksimilierte Seite eines ikonografischen Handbuches. In der oberen Zeile sind drei Formen Mahakalas, in der Mitte zwei "Schwestern langen Lebens" und eine Medizingöttin und unten drei Schlangenkönige dargestellt.

nen Entwicklung aufgehen zu lassen. So wie der Mahayanabuddhismus selbst bis zum 12. Jahrhundert noch stark von Anregungen aus Nordindien inspiriert wurde, kamen auch viele künstlerische Einflüsse bis zu dieser Zeit aus dem Süden über den Himalaya, während in späteren Jahrhunderten der Einfluß aus China zunahm. Daneben fallen besonders deutlich Einflüsse aus Zentralasien, Kaschmir und Nepal auf. Tucci stellt darüberhinaus fest, daß praktisch jede kulturelle Entwicklung in Asien in irgend einer Form ihren Niederschlag in Tibet gefunden hat.

Die ältesten Zeugen tibetischer Kultur gehören noch der vorbuddhistischen Zeit an: Bronzen, Schmuck und Amulette aus der Bon-Zeit. Bis jetzt konnten im Schneeland keine systematischen archäologischen Untersuchungen erfolgen, so daß die Funde nur spärlich sind. Weitere Grabungen könnten das Bild der vorbuddhistischen und frühbuddhistischen Zeit noch wesentlich aufhellen.

Die wohl ältesten Beispiele früher buddhistischer Kunst in Tibet sind Felsreliefs in Ladakh (Westtibet) aus dem 1. und 2. vorchristlichen Jahrhundert, also lange vor der Zeit, da der Buddhismus in Tibet Fuß fassen konnte. Erst im 4. Jahrhundert nach Christus begann die neue Religion langsam in Tibet einzudringen. Mitte des 7. Jahrhunderts, unter König Srongtsan Gampo, mehr noch seinen beiden Gemahlinnen, erstarkte der Buddhismus im Schneeland.

Die ersten Darstellungen von Buddha stammen aus der Zeit um Christi Geburt aus Gandhara. Mit den Heeren Alexanders d.Gr. gelangten bedeutende kulturelle Einflüsse Griechenlands nach Nordindien. So stand für die frühen Buddhaskulpturen der klassische Apollo Pate. Wenn auch Faltenwurf und Körperhaltung in den nachfolgenden Jahrhunderten mehr und mehr indisch wurden, so ist selbst noch in vielen tibetischen Figuren der Einfluß der Gandharaepoche spürbar. Die buddhismusfreundlichen Palakönige Indiens förderten die religiöse Entwicklung in Tibet und mit den religiösen Impulsen kam auch buddhistische Kunst aus Indien nach Tibet.

Im 10. Jahrhundert bildete sich in Tibet langsam ein eigener Stil in Plastik und Malerei, der auf den übernommenen Werken aufbaute. Auch diese Entwicklung begann in Westtibet, im heutigen Ladakh. Insbesondere der "Übersetzer" Lotsawa Rintschen Tsangpo förderte nicht nur den Bau zahlreicher Klöster, sondern auch deren künstlerische Ausgestaltung und Ausstattung. Rintschen Tsangpo brachte Künstler aus Kaschmir mit, daneben sorgte er für die Ausbildung tibetischer Maler und Bildhauer. Fast zur gleichen Zeit begründete Atisha im Kloster Tholing eine tibetische Malschule. Die Verbindungen zu den Nachbarländern waren jedoch nicht abgeschnitten und so kam es nach dem 10. Jahrhundert noch häufig vor, daß Kunstwerke aus diesen Ländern nach Tibet gebracht wurden, besonders da der tantrische Buddhismus jetzt in Tibet eine Bleibe hatte, während er in Kaschmir und Indien verdrängt wurde und noch häufiger, daß Künstler aus den Nachbarländern in Tibet arbeiteten. Wesentliche Einflüsse sind der nordindischen Schule von Nalanda zuzuweisen, Einzelimpulse der Malerei sowie die Technik der Tonfiguren weisen nach Zentralasien, nach Khotan. In der Kunst des Bronzegießens ist zunächst oft Einfluß aus Kaschmir, später mehr aus Nepal zu finden. Ebenso wurden Illustrationen und Miniaturen von Nepal inspiriert. Im Osten Tibets, an den Grenzen zu China, blieb ein permanenter Austausch mit China zu berücksichtigen, der z. B. dazu führte, daß einzelne Klöster stark chinesische Züge in der Ausstattung aufweisen.

Trotz und mit allen Einflüssen blieb vom 10. Jahrhundert an die tibetische Kultur mit allen künstlerischen Artikulationen eigenständig und selbständig. Ein besonderes Merkmal ist dabei die Kontinuität der Kunst des Schneelandes. Anders als z.B. in Europa, wo einzelne Kunststile einander ablösten, gibt es in Tibet nur einen Stil, der bis 1950 keinen Bruch aufweist. Wohl wurde an dem Stil gefeilt, die Ornamentik veränderte sich ebenso wie Details, aber die Grundhaltung blieb bis in unsere Zeit erhalten, sichtbar z.B. in der Architektur bei Vergleich der ältesten Schöpfungen mit Werken, die nur wenige Jahrzehnte alt sind. Die Kunst Tibets ist damit zeitlos.

Die Inhalte buddhistisch-tibetischer Kultur entstanden und wuchsen mit der Entwicklung der tibetischen Form des Mahayana. Bedeutende Prinzipien der Religion sind besonders häufig und deutlich im künstlerischen Schaffen herausgestellt. Die Kunst war insgesamt über die religiöse Gebundenheit hinaus bis in die Details ikonografisch festgelegt.

Die Hauptkompositionen, Aureolen, Heiligenscheine, Attribute, die Farben für Haut und Kleidung wie die Proportionen und Maßsysteme waren genau fixiert. Insbesondere benutzte man z.B. das Navatalasystem (skr.), das sogenannte Neun-Handspannensystem. Das Grundmaß war die Länge zwischen gespreiztem Daumen und Zeigefinger. Die Unterteilung geschah in "angguli" (skr.), d.h. Daumenbreiten, wobei zwölf angguli ein tala ergeben. Aus den ikonografischen Bestimmungen hatte sich praktisch eine eigene Literaturgattung gebildet. Als Beispiel hierzu soll ein kleiner Teil der Beschreibung einer Avalokiteshvarafigur aus der "klassischen Schrift von den Abmessungen zur Anfertigung von Darstellungen" und zwar hier in einer späten, stark überarbeiteten Fassung aus dem Jahre 1748, dienen: "Es besteht noch eine weitere Form dieses Bodhisattva, und zwar des elfköpfigen, tausendarmigen Avalokiteshvara. Die Maße des Körpers stimmen mit denen des aufrecht stehenden Buddha überein. Der frontale Kopf entspricht der Größe eines Buddha-Hauptes, d.h. er ist zehn angguli hoch und zeigt eine freundliche Miene; der rechte Nebenkopf ist blau, der linke von roter Farbe; die Breite dieser Nebenköpfe entspricht der Hälfte des frontalen Kopfes, wenn man diese Hälfte, bis zur Nasenspitze gerechnet, um einen angguli verbreitert. Von den folgenden (höheren) drei Köpfen ist der mittlere acht angguli hoch und von gelb-weißer Farbe; er zeigt gerunzelte Augenbrauen, während die beiden Köpfe zur rechten und zur linken gelb und orangefarben sind, und ihre Breite der Hälfte des frontalen Kopfes entspricht, zuzüglich weiterer sechs Striche. Der frontale Kopf des dritten Bereiches ist sieben angguli hoch, von roter Farbe und freundlicher Miene, während das Haupt zur rechten grün und das zur linken purpurn ist, und ihre Breite wieder der Hälfte des Frontalkopfes entspricht, jeweils um fünf Striche von der Nasenbreite vermehrt. Das dem vierten Bereich angehörende Haupt ist das einzige schreckenerregende; es ist sechs angguli hoch, von dunkelblauer Farbe und weist eine gelockte Mähne, wie die eines Löwen, auf. Das oberste, rote oder goldene Haupt ist das des Amitabha. Alle Köpfe, mit der Ausnahme dieses, weisen drei Augen auf, während die sichtbaren Ohren der an der Außenseite befindlichen Köpfe mit jenen des mittleren vereint sind." 14)

Malerei und Plastik waren in Tibet praktisch immer Auftragskunst. Der Stifter gab dem geeigneten Künstler den Auftrag für ein genau festgelegtes Werk, um sich damit geistige Verdienste zu erwerben oder um für Reichtum bzw. langes Leben zu bitten. Solche Bitten sind auf der Rückseite von Thangkas schriftlich festgehalten oder der Stifter ist in einer unteren Ecke der Bildseite dargestellt, von den Symbolen bzw. Gottheiten für Reichtum und langes Leben umgeben. Das Material, wie die Grundstoffe der Farben und Leinwand, wurde oft vom Stifter zur Verfügung gestellt.

Die Künstler waren Mönche oder erhielten doch zumindest von Mönchen Unterweisungen zu den Inhalten der Kunstwerke. Das Werk hatte eine bestimmte Funktion zu erfüllen. Schönheit in unserem Sinne war nicht immer gefragt. Der Künstler mußte sich in jedem Falle durch Meditation oder geistige Übungen auf sein Werk vorbereiten, oft war die Schöpfung des Werkes selbst geistige Übung und tiefste Versenkung. Immer wurde das Erschaffen eines Kunstwerkes dem Künstler als großes geistiges Verdienst angerechnet. In welcher Form oder ob Künstler honoriert wurden, ist nicht bekannt. Sie blieben auch bis auf wenige Ausnahmen anonym, d.h. ihre Namen finden sich nicht auf den

Werken. Auch hier helfen in Einzelfällen die Klosterführer (dcar' - c'ag), in denen die Namen von Schöpfungen der Klosterausstattungen vermerkt sind. Die großen Meister weisen unzweifelhaft größtes Können von der Zubereitung der Farben bis zu den ikonografischen Gesetzmäßigkeiten nach.

Thangkas und Wandmalereien

Mehr als bei anderen künstlerischen Medien hat, gefördert durch zahlreiche rein religiös begründete Malschulen, die Malerei auf Wänden und Thangkas früh einen eigenen tibetischen Stil entwickelt. Die Innenräume und geschützten Außenflächen wie Veranden sowie Galerien von Klöstern und Palästen wurden durchgehend mit Malereien versehen, so daß die Wirkung dieser Räume wesentlich von der Malerei bestimmt wird. Die frühesten bekannten Malereien gehen in die Zeit der "Zweiten Verbreitung der Lehre", ins 10. Jahrhundert zurück. P.H. Pott ordnet die tibetische Malerei auf Rollbildern wie auf Wänden in folgende fünf Gruppen ein:

Dekorative Malerei
Instruktive Malerei
Meditative Malerei
Kontemplative Malerei
Visionäre Malerei

Die Grenzen zwischen diesen Funktionen der Malerei sind fließend. Oft hängt es vom Betrachter ab, ob für ihn persönlich eine Darstellung z.B. dekorativen oder instruktiven Wert hat.

Dekorative Malereien wurden zur Ausschmückung mehr oder weniger noch profaner Räume — die nicht unmittelbar dem Ritus dienten — wie den Wohnungen der Adligen und Bibliotheken angewandt. Insbesondere wurde dabei Buddha dargestellt, aber auch Portraitreihen der Dalai Lamas, der Pantschen Lamas sowie Inkarnationsfolgen der großen Würdenträger und Äbte. Die Bildhintergründe sind mit stilisierten Landschaften ausgefüllt, wobei ab der Mitte des 18. Jahrhunderts in den Hintergrundlandschaften chinesischer Einfluß sichtbar wird. Bei chronologischen Portraitreihen auf Rollbildern finden sich jeweils auf der Rückseite Hinweise, in welcher Reihenfolge die Bilder zu plazieren sind. Insgesamt weisen die dekorativen Malereien ein routiniertes Können aus, das in den Detaildarstellungen teilweise sogar die notwendige Präzision überzieht, die Ausdruckskraft liegt jedoch hinter den anderen Darstellungsarten. Meist wurden die Vorzeichnungen dieser Malereien nach Vorlagen direkt kopiert, d.h. die Zeichnung wurde mittels Blockdruck oder Durchstäubeschablone auf die Leinwand oder Wand aufgetragen und dann ausgemalt.

Die Funktion instruktiver Darstellungen liegt insbesondere darin, den Laien wie auch den einfachen Mönchen Einzeldarstellungen aus der Lehre und Geschichte des tibetischen Buddhismus im Bild zu erläutern. Es ist dies wohl die häufigste Ausdrucksform der Malerei, und man findet sie in Hausschreinen ebenso wie in Palästen, Tempeln und Klöstern. Die Schilderungen sind meist um eine Zentralfigur gruppiert – der typische und bei Thangkas auch im Westen wohlbekannte Bildaufbau. Die Darstellung von Buddhas Leben steht hier an erster Stelle, wobei einzelne Episoden wie der weiße Elefant, der Maya in die Seite tritt und die Begegnung des Prinzen mit den vier Leiden in der Welt, Alter, Krankheit, Hunger und Tod besonders auffallen. Auch die Taten des Großkönigs Srongtsan Gampo sind in dieser Weise dargestellt, häufiger noch das Leben der Heiligen wie Padmasambhava, Atisha, Marpa und Tsongkhapa. Leicht zu erkennen ist der größte Mystiker und Dichter Tibets, Milarepa, auf diesen Darstellungen durch sein weißes Gewand, die rote Schnur und die rechte Hand am rechten Ohr, um in die Welt hineinzuhören. Aber auch Darstellungen, wie die “Acht Tschörten“ oder die großen Klosteranlagen, mit deren Abbildern der große Empfangsraum des Dalai Lama im Norbulingkha geschmückt ist, gehören zur instruktiven Malerei. So wie jede dieser Klosterdarstellungen Texthinweise innerhalb der Bildkomposition enthält, findet man häufig direkt erläuternde Texte in dieser Art der Malerei.

Meditative Darstellungen dienen zur Unterstützung zielgerichteter Meditation. Fast immer sind es Mandalas, kosmische Diagramme. Mandalas konzentrieren sich auf den Bildmittelpunkt, wobei in diesem Bildmittelpunkt ein Buddha, Bodhisattva, Beschützer der Lehre oder als Symbol für die Lehre ein Buch dargestellt ist. Um das Zentrum ist ein Quadrat, diagonal vierfarbig geteilt, angeordnet, das entsprechend den vier Himmelsrichtungen (Weltgegenden) vier Tore aufweist. Innerhalb des Quadrates befinden sich weitere, der Zentralfigur oder dem zentralen Gedanken zugeordnete Gottheiten. Das Viereck wird von

Abbildung rechts: Meditationsthangka
in Form eines Mandala,
eines kosmischen Diagramms.

einem Kreis aus Regenbogen und Flammenrand umschlossen, oft tritt dazu noch ein innerer Lotoskranz. Zwischen Quadrat und Kreis sind die "Acht Glückszeichen" und weitere Symbole wie auch gegenständliche Darstellungen in die Komposition eingebaut. Über diesem eigentlichen Mandala sind friedliebende Gottheiten, unter ihnen meist Buddha, Heilige oder Lehrer dargestellt, unter dem Mandala drei, fünf oder mehr schreckliche Gestalten, oft die "Beschützer der Lehre". Der Meditierende soll seine Übungen mit den äußeren Bereichen des Mandala beginnen und sich zum Zentrum hin — auf einen zentralen Punkt —, das Ziel der Meditation, voranarbeiten. Tibetische Mandalas sind immer von oben gesehen — dreidimensional als Stufen- oder Götterberg — angeordnet. Bei chinesisch beeinflußten Mandalas sieht der Betrachter schräg von oben auf das kosmische Diagramm.

In kontemplativen Malereien, die für "Nichteingeweihte" schon nicht mehr zu erschließen sind, konzentrieren sich symbolische Darstellungen als Ausgangspunkt für "ein im Geist zu erschaffendes Weltbild". 15) In der Darstellung sind dabei nicht nur die Symbole richtig zu deuten, sondern müssen vom Betrachter (in Gedanken) auch zum gedachten Weltbild vervollständigt werden. In einem kontemplativen Bild bringt der Schöpfer — man kann ihn hier weniger als Künstler ansprechen — seinen höchsten geistigen Fortschritt zum Ausdruck.

Die visionäre Malerei geht noch einen Schritt weiter, indem der voll "Eingeweihte" die von ihm geschauten oder erlebten Visionen — natürlicherweise oft außerhalb ikonografischer Regeln — im Bild fixiert. Die Bildhintergründe sind dabei meist schwarz, die Malereien spontan, unmittelbar, äußerst lebendig und beweisen höchstes Können, da sie keine Korrekturen erlauben.

Visionäre Malereien gehören wie die kontemplativen Bilder zu den Geheimdarstellungen, die für in die tantrischen Lehren Eingeweihte richtig "lesbar" sind, für Nichteingeweihte sind es "nur" phantastische Bilder oder Darstellungen der schrecklichen "Beschützer der Lehre". Kontemplative wie visionäre Malereien befinden sich meist auf Thangkas, nur in Ausnahmefällen, wie in den Gonkhangs, auf Wänden. 16)

Thangkas

Thangka heißt wörtlich übersetzt "das was man aufrollt". Die Hirtennomaden Tibets konnten keine Tafelbilder bei ihren Wanderungen mit sich führen, sie mußten ihre Bilder des einfacheren Transportes wegen aufrollen. Aus den

Bildinhalten früher Thangkas ist anzunehmen, daß die ersten Rollbilder Tibets den für den Buddhismus in den Nomadenlagern und Dörfern missionierenden Mönchen zur Illustration dessen, was sie den Menschen zu sagen hatten, dienten. Später, besonders in den ersten Jahrhunderten nach der "Zweiten Verbreitung der Lehre", entwickelten sich die Rollbilder zum beliebten Medium religiöser Darstellungen - die schließlich in Europa wie Amerika zu gesuchten Sammelobjekten wurden. Das Interesse des Westens für Thangkas ist mit ein Grund dafür, daß Bildinhalte und Herstellung hier so ausführlich behandelt werden.

Das Thangkaformat ist meist ein hochstehendes Rechteck. Bildträger ist ein grobes oder feineres Leinen. Sind die Leinenstücke nicht groß genug, so werden mehrere Streifen fein zusammengenäht. Die Leinwand wird auf der Vorderseite, bei sehr guten Arbeiten auch auf der Rückseite, mit leimgebundener Kreide verspachtelt und diese Grundierung mit Muscheln oder Steinen vollständig glattgeschliffen. Die so vorbereitete Leinwand wird mit Schnüren in einen Rahmen aus Holzstöcken gespannt. Darauf beginnt der Zeichner sein Werk, wobei Zeichner und Maler meist ein und dieselbe Person sind. Die Bildkomposition wird in einem Koordinatensystem aus Netzlinien aufgebaut, genau nach ikonografischen Vorschriften und Proportionen, die sich z.B.aus dem "Neun-Handspannensystem" ergeben. Die Vorzeichnung wird mit roter oder schwarzer Tinte aufgetragen. Bei einfachen jüngeren Thangkas wird die Zeichnung oft mittels Durchstäubeschablonen oder Holzdruckstöcken aufgebracht, was die Arbeit sehr vereinfacht, aber auch zu einer Art Serienproduktion mit dem Nachteil des Schwindens von Originalität führt Nächster Arbeitsgang ist das Ausmalen der Flächen. Der Maler mußte sich dafür seine Farben selbst zubereiten. Die ihm zur Verfügung gestellten Grundstoffe, weitgehend Mineralien, in Ausnahmefällen auch Pflanzen, wurden in komplizierten Verfahren aufbereitet und dann im Mörser zu feinstem Pulver verrieben. Viele Farbrezepte waren Geheimnisse und wurden vom Meister an den Schüler weitergegeben. Durch viele Verfahrensgänge bei der Herstellung dauerte diese, wie bei der Goldfarbe, oft mehr als eine Woche. Die mit Leim vermischten Farben wurden in verschiedener Malmanier pastos oder hauchdünn aufgetragen, wobei die Tibeter leuchtende, teilweise schreiende Farben bevorzugten. Diese leuchtenden Farben, auch bei ältesten Thangkas, haben oft zu Fehlschlüssen bei der Datierung geführt. Je dünner der Farbauftrag ist, desto größer ist die Chance, daß sich nicht einzelne Partien beim Ein- oder Aufrollen von der Leinwand lösen. Auf die Malschicht wurden dann die Konturen und feinen Linien sowie die Gesichtspartien, besonders die Augen, nochmals mit farbiger Tinte gezeichnet. Malschicht und Tinten der Thangkas sind nicht wasserfest, deshalb müssen Rollbilder sorgfältig vor Wasserschäden geschützt werden.

Nach dem Ausspannen aus dem Rahmen erhält das Thangka dann einen "Regenbogenrand" aus einem schmalen gelben und roten Band. Der "Regenbogenrand" unterstützt und symbolisiert die Ausstrahlung des Werkes. Anschließend wird das Thangka in gemusterter chinesischer Seide gerahmt. Die beiden Seitenstreifen des Rahmens sind schmal, der obere etwas breiter und der untere etwa doppelt so breit wie der obere. Im oberen Rahmenteil ist eine dünne Leiste eingearbeitet, an der Aufhängeschnüre sowie ein dünnes Seidentuch, das bei Nichtgebrauch des Thangkas als Schutzvorhang über dieser hängt, befestigt sind. Im unteren Rahmen ist ein starker Stock aus Bambus oder Holz eingelegt, der an den Enden mit Metall- oder Edelmetallknöpfen verziert ist und dafür sorgt, daß das Rollbild glatt hängt. Wird das Thangka aufgerollt, so geschieht dies immer über den unteren, starken Rundstab. Auf dem breiten unteren Rand des Rahmens ist ein Streifen oder ein Rechteck andersfarbiger Seide appliziert, die sogenannte Tür des Thangka (Thang-so). Diese Tür ist teilweise mit Drachen und Lotosblättern geschmückt, Symbolen für die Urgewässer. Die Tür dient als Eingang zur meditativen Betrachtung des Thangkas.

Vor der ersten Benutzung müssen Thangkas geweiht werden. Das Zeremoniell der Einweihung nimmt ein Mönch vor. Da das Besprengen mit Weihwasser bereits zu Schäden führen könnte, wird ein Spiegelbild des Thangkas mit dem Weihwasser benetzt. Zur Weihe gehört in jedem Fall ein Mantra, eine Zauberformel, die häufig auf der Rückseite des Rollbildes aufgezeichnet steht. Daneben finden sich auf der Rückseite wertvoller Thangkas auch die Handabdrücke des Mönchs, der die Weihezeremonien durchgeführt hat.

Bis in die jüngste Zeit konnte die traditionelle Thangkamalerei Tibets und der Randstaaten ihren hohen Qualitätsstandard halten. Erst in den letzten 2o Jahren unter dem Einfluß der religiösen Einschränkungen in Tibet und der Tatsache, daß in den Ländern um Tibet durch den Tourismus eine verstärkte Nachfrage nach Thangkas herrscht und bei dieser Nachfrage meist nicht auf Qualität, geistigen Hintergrund oder die ikonografischen Regeln geachtet wird, verfällt die Thangkamalerei jetzt zusehends. Die jüngsten Thangkas sind fast ausschließlich auf feinstem Industrieleinen mit ebenso industriell hergestellten Ölfarben gefertigt.

Zur Datierung von Thangkas dienen neben den Bildinhalten zahlreiche Hinweise wie die Struktur des Leinens, die Vorbereitung des Malgrundes, Farbzusammen-

Abb. links: Thangka des Bodhisattva
Avalokiteshvara, tibetisch Tschenresi,
der Schutzgottheit Tibets.

stellungen, Art und Seide des Rahmens und Veränderungen der Proportionen, wie z.B. gedrückte oder überhöhte Aureolen.

Wandmalereien

Wandmalereien wurden ursprünglich in Freskotechnik, d.h. Naß-in-Naßtechnik ausgeführt. Beispiele ursprünglicher Wandmalereien aus dem 10. und 11. Jahrhundert finden sich u.a. noch im westtibetischen Kloster Alchi. Im Kloster Hemis, ebenfalls in Westtibet, 16o4-16o6 errichtet, weisen die Wände eine dicke Lehmputzschicht auf, darauf folgt ein dünner Kalkputz ohne Pigmente und darauf pigmentierte Kalkanstriche bzw. häufiger leimgebundene Anstriche.

Viele Wandmalereien wurden in den letzten Jahrhunderten in der Thangkatechnik hergestellt, d.h. die Wände wurden mit Leinen beklebt und diese Leinwände dann wie Rollbilder grundiert und bemalt (Darstellungen an den Klosterwänden siehe Kapitel Klöster).

Skulpturen: Bronzen, Holz- und Stuckarbeiten, Tsa-tsa

Die Vorschriften für die Form religiöser Kunstwerke galten für Bronzen und Stuckfiguren ebenso wie für die Malereien. Künstlerische Freiheiten waren bei den Details wie dem Faltenwurf und der Darstellung des Lotosthrones gegeben. Auch die Durchführung von Aufträgen wurde ähnlich wie bei den Thangkas gehandhabt. Da das Bronzegießen jedoch ein hohes handwerkliches Können verlangte, waren die Gießer meist Handwerker und weniger oft Mönche. Holzskulpturen kamen nur wenig in Tibet vor und Steinplastiken - obwohl Material mehr als reichlich vorhanden ist- noch weniger.

Abb. rechts: Instruktive Wandmalerei im Norbulingka
mit einer Darstellung des Potala.
Die schriftlichen Erläuterungen sind in
die Bildkomposition eingearbeitet.

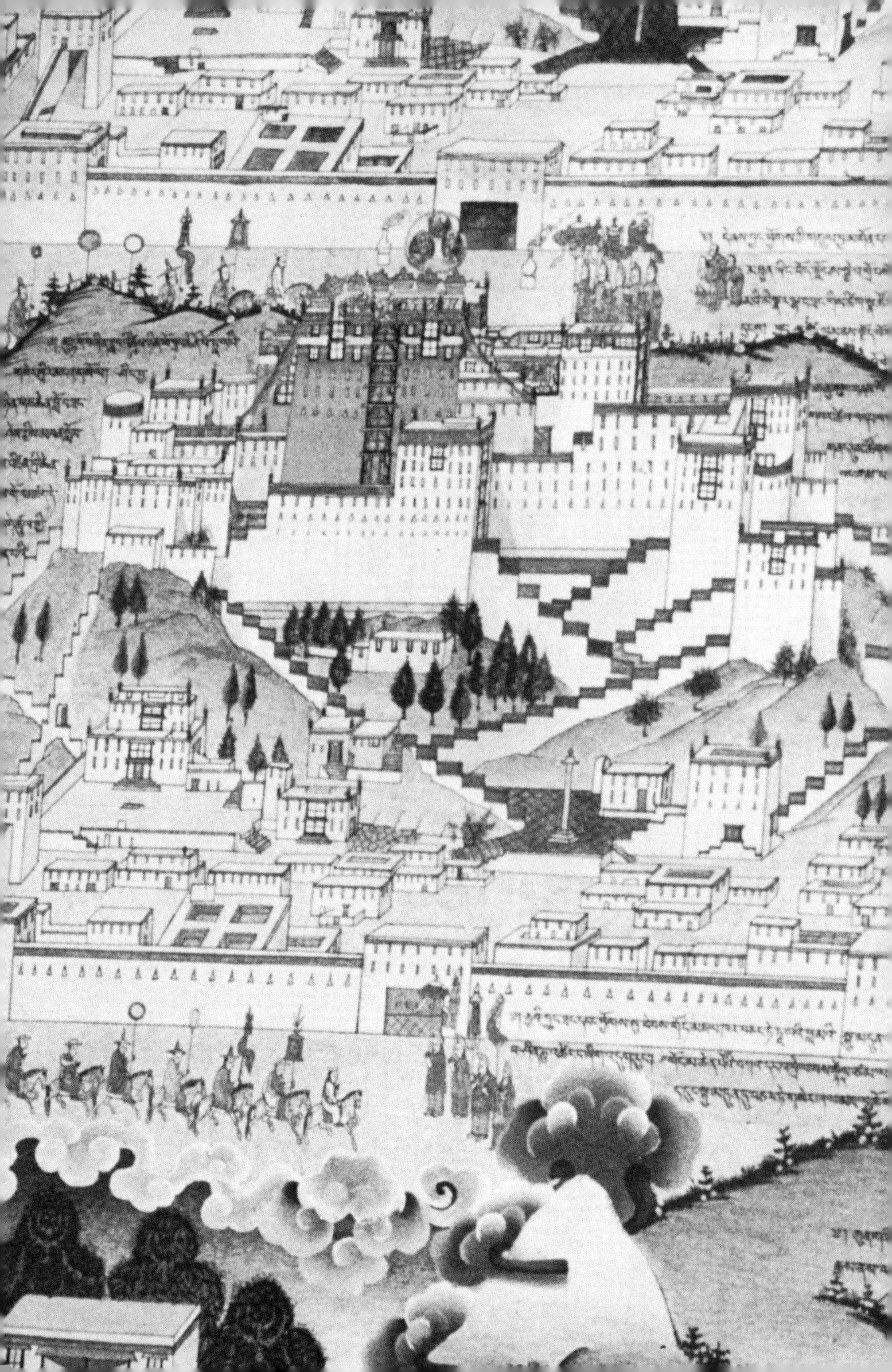

Bronzen

Die Bronzegießer in Tibet stammten zunächst fast ausschließlich aus Kaschmir und Nepal. Bereits Bhrikuti, die nepalesische Gattin Srongtsan Gampos, brachte Mitte des 7. Jahrhunderts Bronzegießer aus ihrer Heimat nach Tibet. Der bekannteste unter vielen nepalesischen Bronzegießern, die in Tibet oder China wirkten, ist Arniko (1245 - 13o6), der viele Jahre in Tibet arbeitete und von dort 1274 an den chinesischen Hof ging. Mit den Handerwerkern aus Nepal und Kaschmir wurden auch Art und Stil der Bronzen zunächst von Tibet übernommen, aber auch nachdem Tibet eigene Formen gefunden hatte, wurde der Bronzeguß wie auch das Gold- und Silberschmieden bis in die jüngste Zeit vielfach von nepalesischen Handwerkern ausgeübt. Die Handwerker hatten oft keine festen Werkstätten, sondern wanderten von Dorf zu Dorf bzw. Kloster zu Kloster.

Kleinbronzen wurden zum größeren Teil in der Technik der "Verlorenen Form" (cire perdue) hergestellt. Dabei wird über einem Tonkern eine Wachsschicht aufgetragen. In der Wachsschicht wird die spätere Figur modelliert. Nach Fertigstellung des Wachsmodells wird eine weitere Tonschicht aufgebracht und das Ganze auf eine Tonplatte, die mit Löchern versehen ist, gesetzt. Dann wird durch Erhitzen das Wachs ausgeschmolzen und gleichzeitig der Tonkern und der Tonmantel gehärtet. In die nun hohle Form wird die Bronze eingegossen und nach dem Erkalten Tonmantel und -kern abgeschlagen. Die Rohform ist damit fertig. Durch die Verwendung unterschiedlicher Bronzemischungen entstehen Bronzen von goldgelber Farbe bis zu dunklen Kupfertönen. Bei Bronzen, die in "Verlorener Form" hergestellt werden, handelt es sich um Unikate, von denen jedes Stück anders ausfällt, da jede Figur neu im Wachs modelliert wird.

Ein späteres Verfahren zur Bronzeherstellung verzichtet auf diesen Vorzug. Die Form besteht bei diesem Verfahren aus zwei Hälften, die zur Entnahme des Bronzerohlings auseinandergeklappt werden. Die Form wird dabei nicht beschädigt und weiter benutzt. Die so entstehenden Bronzen sind alle gleich und leicht an der "Naht" zu erkennen, besonders wenn diese nicht gut bearbeitet wurde.

Der Rohling wird nach dem Säubern geschliffen und poliert, die feineren Linien werden eingraviert bzw. nachgezogen.

Abb. links: Bronze, feuervergoldet, von Padmasambhava (Guru Rinpotsche) auf einem Lotosthron. Der "Lotosgeborene" hält den Donnerkeil in der rechten Hand und die Schädelschale in der linken. In dieser seltenen Darstellung fehlt der Dreizack.

Der weitaus größte Teil aller Bronzen wurde vergoldet. Bei der älteren Technik des Vergoldens wurde eine Schicht roten Lackes aufgetragen, in welche dann das Blattgold eingedrückt wurde. Diese Vergoldungstechnik erhält den hellen Glanz des Blattgoldes.

Bei der Feuervergoldung dagegen wird das Gold matter, aber die Vergoldung auch sehr viel haltbarer. Für die Feuervergoldung wird die Bronze zunächst in ein Salpetersäurebad getaucht, anschließend erwärmt und dann mit Quecksilber eingerieben. Darauf wird das Blattgold aufgelegt und bei einer weiteren starken Erhitzung wird das Quecksilber aufgelöst und das Gold haftet fest auf der amalgamierten Fläche der Bronze.

Auf der Vergoldung werden einzelne Partien bemalt und zwar wieder in leuchtenden Farben. So erstrahlt das Haupthaar Buddhas immer in leuchtendem Königsblau. Weiter werden die Bronzen geschmückt durch Einlagen von Silber, Platin, Korallen und Türkisen. Reichen Schmuck weisen Taras wie auch die männlichen Bodhisattvas auf.

Auch Bronzen werden vor Gebrauch geweiht. Dazu werden die Figuren mit bedruckten Gebetsblättern gefüllt, zuerst mit Lehm verschlossen und erhalten dann als Verschluß eine Kupferplatte, welche mit einem gekreuzten Dorje geschmückt ist.

Bei großen Bronzen werden die Einzelteile der Figur wie Kopf, Arme und Hände und Teile des Körpers einzeln gegossen und dann zusammengesetzt. Eine Abart der Bronzen sind Plastiken aus drei gehämmerten Kupferplatten, die an den Nähten durch eine Art Verkämmung fein vernietet werden.

Holz- und Stuckfiguren

Die oft über mehrere Stockwerke reichenden und bis zu 1o oder gar 12 m aufragenden Großplastiken in den Tempeln werden in kleinerem Umfang, wie oben beschrieben, aus Bronzeteilen zusammengesetzt, meist jedoch werden sie aus Ton oder Gips modelliert. Die Technik dazu kam wahrscheinlich aus Zentralasien. Nach Fertigstellung der modellierten Ton- oder Stuckfigur wird diese mit Leimfarbe grundiert und erhält anschließend eine Leinwand als Malgrund oder wird direkt bemalt oder vergoldet. Auch diese Großfiguren werden durch das Füllen des inneren Hohlraumes mit Gebetsblättern sowie Getreidekörnern, in einigen Fällen auch mit Halbedel- und Edelsteinen, geweiht, wobei dafür extra eine Öffnung in der Figur angeordnet und nach der Weihe verschlossen wird.

Die wenigen Holzplastiken sind meist über einer Rotlackschicht vergoldet.

Tsa-tsa

Tsa-tsa, kleine mittels einer Bronzeform gefertigte Lehmfiguren, sind eine typische tibetische Eigenart. Den frühesten Tsa-tsa hatte man mit einem Stempel Zauberformeln eingeprägt und sie dienten dazu, Tschörten zu weihen. Später stellte man Tsa-tsa in der Art her, daß die Asche besonders hoch verehrter, verstorbener Lamas mit Ton vermischt wurde und daraus mittels kleiner Bronzeformen Tschörten von wenigen Zentimetern bis zu Faustgröße sowie Tontäfelchen mit Reliefs von einem oder drei Tschörten oder den Darstellungen von Buddha und zahlreichen Gottheiten geformt wurden. Meist sind die Tsa-tsa nur luftgetrocknet, zuweilen aber auch leicht gebrannt und auch farbig gefaßte Exemplare kommen vor. Diese kleinen Tonfiguren werden in erster Linie in den "Fenstern" von großen Tschörten abgelegt, oft stehen sie aber auch auf Altären und werden den Laien als Andenken an Klosterbesuche oder Pilgerfahrten gegeben. Von den Laien werden Tsa-tsa vornehmlich in den Amulettkästchen getragen. Hinter den Holztüren kleiner und großer Reisealtäre, die von Wandermönchen mitgeführt werden, finden sich ebenfalls zahlreiche Tsa-tsa.

Abb. nächste Seite: Verschiedene Tsa-tsa, sowohl in Form kleiner Tschörten als auch Tontäfelchen mit den Reliefbildern von Gottheiten.

Literatur, Musik, Tanz und Theater

Literatur

Tibetische Bücher sind nicht gebunden, sondern entsprechend ihren Vorbildern- indischen Palmblattmanuskripten mit festen Deckeln- bestehen sie aus lose aufeinandergeschichteten Blättern von etwa 10 x 50 cm bis 20 x 70 cm Größe, die von zwei hölzernen Deckeln geschützt werden. Seiten und Buchdeckel werden zum Schutz in ein Tuch eingeschlagen, eine Lasche weist den Buchtitel aus. Das Papier wird aus der Zellulose eines Strauchs hergestellt und bis heute in einigen Klöstern des Himalaya handgeschöpft. Die älteren und wertvollen Bücher sind ausschließlich Handschriften, die kostbarsten davon auf geschwärztem Papier mit Silber- oder Goldschrift und vielfach mit Illustrationen in Form feinster Miniaturen. Die Bücher für den Tagesgebrauch wurden mittels Holzblockdrucken gefertigt. Viele der großen Klöster hatten Sammlungen von Holzdruckstöcken, um sich Schriften selbst anzufertigen. Darüberhinaus hatten sich einige Klöster zu regelrechten Druckzentren entwickelt. Ein solches Drukkereikloster war Narthang bei Tashi Lhunpo, weitere Druckereien befanden sich in Lhasa, Kumbum und Labrang.

Auch das naturwissenschaftliche Wissen Tibets war in den buddhistischen Schriften zusammengefaßt. Der Kanon des tantrischen Buddhismus ist im Kandschur in 108 oder 100 Bänden zusammengefaßt. Die Bücher untergliedern sich in

Dulva (Disziplin)	13 Bände	
Scherdschin (Höchste Erkenntnis) die Philosophie der Lehre	21 Bände	
Phaltschen (Buddhagemeinde)	6 Bände	
Kontseg (Juwelenhaufen)	6 Bände	
Do (Lehrvertrag) mit dem Leben und Wirken Buddhas	30 Bände	
Nyangdä (Buddhas letzte Lebenstage)	2 Bände	
Dschud (Tantrische Zauberliteratur)	22 Bände	17)

Erläuterungen und Ergänzungen des Kandschur finden sich in den 225 Bänden des Tandschur. Neben 87 Bänden mit Tantras und den Texten für die Rituale z. B. für die "Beschützer der Lehre" sowie Zauberformeln gegen Krankheiten und die Unbilden der Witterung beinhaltet der Tandschur 136 Bände, die das

gesamte Wissen der Tibeter etwa um das 11. Jahrhundert enthalten. Zu den Abhandlungen gehören u.a. Logik, Grammatik, Rhetorik, Medizin, Alchemie, Kunst und Mechanik. "In dieser ungeheuren Literatur findet sich das Sanskritwörterbuch Amarakosha ebenso wie Kalidasas "Wolkenbote", daneben das "mächtigste Elixier zur Heilung jeder Krankheit und Vermehrung der Körperkraft", das Werk über die "Umwandlung der gemeinen Metalle", "Mischung und Bereitung der Wohlgerüche", das Wahrsagebuch "Spiegel der Zukunft" und der "Wegweiser zum Besuche Shambalas", des großen Wunderlandes im Norden." 18)

Kandschur und Tandschur wurden zwischen dem 8.und 13.Jahrhundert aus verschiedenen Sprachen ins Tibetische übersetzt, auch kleine Klöster zeigen in ihren Kandschur-Lhakhangs stolz den gesamten Kandschur und Tandschur.

Neben dem fixierten tantrisch-buddhistischen Kanon sowie den Erläuterungen und Ergänzungen gibt es in kleinerem Umfange auch eine mehr profane Literatur, zu der Heldensagen, wie die des Königs Gesar, Legenden der Heiligen, Märchenbücher und die "Hunderttausend Gesänge" des Milarepa gehören.

Musik

Musik hat in Tibet eine andere Bedeutung als z.B. bei uns. Sie dient nicht der Erbauung oder Unterhaltung, sondern hat verschiedene Funktionen im Ritus zu erfüllen wie das Herbeirufen der Mönche zu Zeremonien; Einleitung, Unterstützung und Ende von Zauberformeln;Symbolisieren verschiedener Urlaute und allgemein zur Unterstützung der Liturgie. Drei Gruppen von Musikinstrumenten benutzten die Mönche dabei:

Schüttelinstrumente
wie Glocke (Drilbu), Schädeltrommel (Tschangte) und Zimbeln

Schlaginstrumente
wie Pauke und große Trommeln (Nga)

Blasinstrumente

wie Menschenknochentrompete (Kangling),
Posaunen (Tschödung), Muschelhorn (Dungkar), große
Trompeten (Dung), kleine Trompeten (Dschagling)

Abb. links:
Illustrierte Buchseiten
religiöser Handschriften.

Neben dieser, auch in einer Art Noten aufgeschriebenen, Ritualmusik hat Tibet eine reiche Volksmusik, die jedoch nicht schriftlich niedergelegt ist. Es gibt viele Gesänge, die einzeln, im Chor oder als Wechselgesänge die Feldarbeit begleiteten, ebenso wie alle Karawanenführer und Treiber sich mit Singen die lange Zeit vertrieben. Auch Musikinstrumente kennt die Volkskunst, besonders Pauken und Flöten. Die Musikanten zogen teilweise von Ort zu Ort, um besonders bei Hochzeiten und ähnlichen Anlässen die Festteilnehmer zu erfreuen.

Tanz und Theater

Der Tscham, der religiöse pantomimische Maskentanz, nahm in Tibet den wichtigsten Platz unter den theatralischen Darbietungen ein. Daneben kennt man religiöse Tänze mit Dialogen, dramatische Aufführungen und Volkstänze.

Tschamtänze wurden in den Klösterhöfen (Religionshöfen) zu festgelegten Zeiten von Mönchen aufgeführt, mehr zelebriert, denn die Tschamtänze gehören zu den lamaistischen Ritualen. Die Mönche waren dabei in kostbare Brokatgewänder gehüllt und außer den Schwarzhutzauberern trugen sie Leder-, Holz- oder Metallmasken. Die wichtigsten Gestalten des tantrischen Buddhismus, wie Heilige, mehr noch die "Beschützer der Lehre", wurden im Tscham lebendig. Teilweise wurde der Tscham zu Sonnwendzeiten aufgeführt, in anderen Klöstern zu Neujahr oder an den Festtagen Padmasambhavas. Neben Bitt-, Bannungs-, Opfer- und Reinigungsritualen wurden die zuschauenden Laien mit dem Aussehen der schrecklichen Gottheiten vertraut gemacht, um auf diese Weise wenigstens etwas für das Bardo, den Zwischentodzustand, vorbereitet zu sein.

Der Tscham wurde nicht aus Indien eingeführt, sondern stützte sich auf Traditionen vorbuddhistischer Religionen. Auch im Tschamtanz werden die Versuche der Tibeter, Makro- und Mikrokosmos in Verbindung zu bringen, deutlich. "Auf das Wechselspiel der Kräfte von Makrokosmos (All-Geister-Dämonen) und Mikrokosmos (Erde-Mensch) sucht der Mensch durch Riten regelnd

Abb. links: Dramatische Darstellung der Hochzeit Srongtsan Gampos mit der Prinzessin Wen Cheng im Theater in Lhasa.

Folgende Seiten:"Milarepa bekehrt den Jäger", ein oft gespieltes Tschamstück. Hier eine Aufführung im bhutanesischen Kloster Wangduphodrang: links sitzend der gejagte Hirsch, in der Mitte Milarepa, weiter rechts ein Hund des Jägers sitzend und dann mit dem Bogen dieser selbst.

einzuwirken. Die schädlichen, dunklen Kräfte und Einflüsse sollen verringert und überwunden, die guten und lichten sollen gesteigert und gestärkt werden. Um die Zeit der Wintersonnenwende ist eine entscheidende Krise. Die feindlichen Kräfte und Dämonen haben ihre größte Macht erlangt. Die guten Einflüsse und Geister sind am Erliegen. Durch Opfer und Magie suchen die Menschen die guten Mächte zu unterstützen, damit sie erstarken und die bösen überwinden. Aus diesen Ideen sind viele Zeremonien entstanden, welche das Übel des alten Jahres austreiben und vernichten und das Segenreiche des neuen Jahres herbeirufen." 19)

Bestimmte Teile der Tschamtänze halten sich streng an die tantrischen Lehren, es gibt jedoch auch Tschamformen mit Tanz und Dialogen, wie die Darstellung von Geschichten um die Heiligen. Ein immer wiederkehrendes Stück dieser Art ist die Bekehrung eines Jägers zum Buddhismus unter dem Wirken von Milarepa.

Die Aufführung von Dramen und Volkstänzen, von Profigruppen und Laien wird bis heute geübt. Bei den dramatischen Darstellungen stehen geschichtliche Inhalte und Märchen im Vordergrund. Im Theater von Lhasa nimmt die Erzählung der Hochzeit Wen Chengs mit Srongtsan Gampo einen festen Platz ein.

Architektur und Städtebau

Für das Nomadenvolk der Tibeter spielten Architektur und Städtebau zunächst eine untergeordnete Rolle. Die Lagerplätze mit den Zeltwohnungen waren in erster Linie von den Bedürfnissen der Herden abhängig, teilweise versuchte man, die Lager durch lose aufgeschichtete Steinwälle zu schützen. Schon in frühesten geschichtlichen Zeugnissen ist jedoch belegt, daß die Könige und Fürsten nur im Sommer mit den Stämmen durch die Steppe zogen, im Winter aber in festen Häusern wohnten. Basis für die Organisation des großtibetischen Reiches waren jedoch feste Stützpunkte und so entstanden vom 7. bis 12.Jahrhundert

Foto links: Blick von Tashi Lhunpo auf die Festung von Schigatse.

zahlreiche Festungen, Wohnburgen und durch Mauern befestigte Siedlungen, deren Reste oder Nachfolgebauten besonders in den Gegenden um Yarlung, Samye und Lhasa noch heute zu finden sind. Der Palast von Umbulhakar soll sogar bis auf das 4. Jahrhundert zurückgehen. Die Gebäude, Mauern und Türme waren aus grob behauenen Steinen, ungebrannten Ziegeln oder großen Strohlehmblöcken errichtet, wobei jeweils nur die Außenwände und ein Teil der Zwischenwände aus den massiven Materialien gebaut wurden, während Säulen, Decken und Dächer aus Holz bestanden. Zu den ältesten bekannten Gebäuden gehören die (angeblich) neunstöckige Festung Srongtsan Gampos auf dem Marpori, der von Bhrikuti gegründete Tempel Thulnang (aP'rul-snam) und der von Wen Cheng gegründete Ramotsche (Ra-mo-c'e), beide in Lhasa. Die Festung auf dem Marpori ging unter, von den Tempelbauten stammen allenfalls noch geringfügige Reste aus dem 7. Jahrhundert; die heutigen Baulichkeiten des Ramotsche wurden zum großen Teil im 13. Jahrhundert errichtet. Um 770 wurde 50 Kilometer südöstlich von Lhasa von Padmasambhava unter dem König Tisong Detsen das Kloster Samye, wahrscheinlich nach Vorbildern indischer Tempel, errichtet. Im Bau des Klosters Samye wird erstmals die Planungsidee deutlich, die äußere Form als Funktion zu gebrauchen: Der Hauptbau von Samye ist ein dreidimensionales Mandala.

Mit Beginn der "Zweiten Verbreitung der Lehre" entstanden zahlreiche Klöster in Westtibet wie Alchi, Wanla und Mang-gyu. Diese zunächst meist kleineren Anlagen besitzen oft einen atriumartigen Vorhof und das Hauptgötterstandbild im Tempelraum ist so angeordnet, daß der rituelle Umgang direkt um dieses Standbild möglich ist. Anfang des 15. Jahrhunderts entstanden die großen Klosterstädte der"Gelben Kirche".

Die Hauptstadt verlegte Srongtsan Gampo von Yarlung nach Lhasa. Trotz der Tatsache, daß die Metropole neu angelegt wurde, ist kein Ansatz für eine "geplante" Stadt zu erkennen, die Stadt wuchs um das Tempelzentrum des Jokhang. Auch die Tempelstädte bestehen aus nebeneinander und nacheinander errichteten Gebäudekomplexen ohne vorhergehende planerische Ordnungsprinzipien: typische Merkmale von Nomaden- und Steppenvölkern.

Ähnlich wie die ikonografischen Regeln für Bronzen und Thangkas waren auch der Bau und die für den Bau notwendigen Zeremonien festgelegt. Baustelle und Bauzeit wurden mittels astrologischer Berechnungen ermittelt, für die Grundsteinlegung gab es ebenso bestimmte Rituale wie für die Einweihung. Die Funktionen der Räume waren vorgegeben, die Anordnung einzelner Gebäude zueinander hing im wesentlichen von den topografischen Verhältnissen ab.

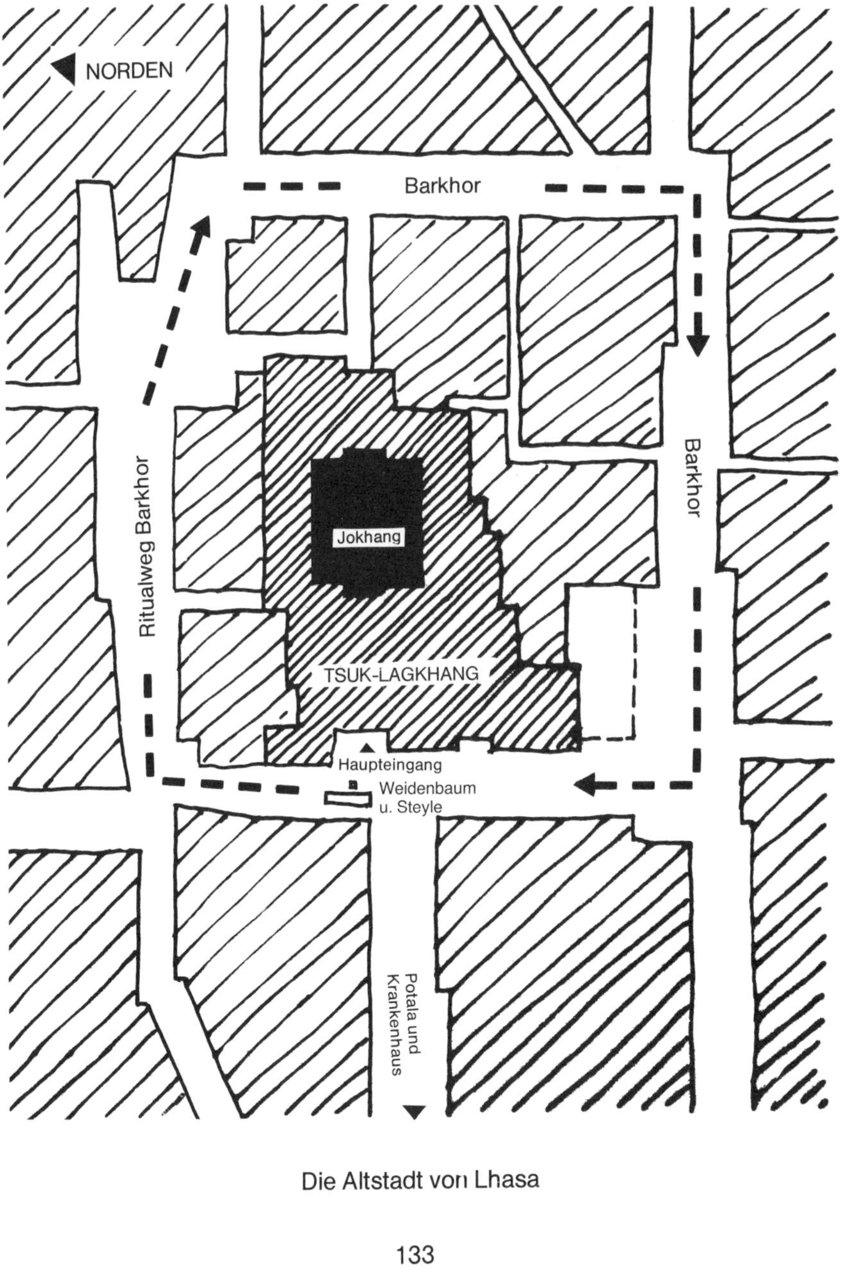

Die Altstadt von Lhasa

Den Baumeistern Tibets waren daneben natürliche Einschränkungen gegeben, wie die bauphysikalischen Bedingungen des extremen ariden Klimas mit Wintertemperaturen bis unter Minus 5o Grad Celsius und das Vorhandensein nur weniger einfacher Materialien. Lehm und Steine waren die Hauptbaustoffe. Kostbares Holz mußte oft über Hunderte von Kilometern zur Baustelle getragen werden.

Die Prinzipien zur Formgebung blieben immer gleich. Wie bei Bronzen und Thangkas gab es auch in der Architektur keine Stilfolge, sondern nur einen einzigen tibetischen Stil, der allerdings im Laufe vieler Jahrhunderte Veränderungen in der Art eines Entwicklungsprozesses erfuhr. Die Architektur vom 7. bis zum 15. Jahrhundert zeigt noch spürbaren Wandel in der Größe der Gebäude und Fassadengliederung, vom 15. bis 20. Jahrhundert kann man nur in wenigen Details Unterschiede bemerken, dies umsomehr, als an den Anlagen ja immer wieder gebaut und restauriert wurde. Eine Datierung solcher Bauten ist deshalb, soweit keine festen Datierungen vorliegen, äußerst schwierig, wenn nicht unmöglich. Der Neubau des Norbulinkha 1954 war wohl der letzte im traditionellen Stil errichtete Bau, die nachfolgenden Wohn-, Verwaltungs- und Industriebauten tragen den Stempel "Neuer Sachlichkeit", man findet daran leider keines der schmückenden Details, die die historischen Bauten auszeichnen.

Während Klöster, Schreine und die Paläste des Gottkönigs gewissermaßen als Abbilder der Götterhimmel aufwendig und in künstlerischer wie architektonischer Vollendung errichtet und gepflegt wurden, erfüllen die Bauernhäuser in einfacher Weise ihre Funktionen beim Schutz gegen Witterung, Feinde und wilde Tiere. Als Behausungen dieses Lebens, das insgesamt im Kreislauf der Wiedergeburten eine untergeordnete Rolle spielt, genießen die Wohnstätten von Nomaden und Bauern eine geringere Wertschätzung. Im übrigen ließ die Sozialstruktur für weite Kreise der Bevölkerung schon aus wirtschaftlichen Gründen keine aufwendigen Bauten zu. Umso mehr genossen die Nomaden und Bauern bei Pilgerreisen den Schmuck und das Gold der Tempel, umso mehr waren sie davon überzeugt, in den Prachtbauten bereits ein Stück Himmel zu sehen.

Wie bereits früher ausgeführt, wurden die Dörfer auf Fels oder Geröll gebaut,

Foto rechts: Traditionelle tibetische Architektur:
der zweite Eingang in den Tsug-Lag Khang.
Über Jahrhunderte unterlag die Formensprache
nur geringsten Veränderungen.

um nicht die kostbare Anbaufläche zu verringern.

Bei den Bauernhäusern haben sich im wesentlichen zwei Typen herausgebildet. Als Baumaterial für beide Typen dienen Lehm, Lehmziegel oder Feldsteine. In den Ebenen wird ein Atriumhaus gebaut, welches nach außen nur eine Tür und wenige kleine Lichtöffnungen besitzt. Die Räume werden vom Innenhof erschlossen. Dieser Innenhof dient gleichzeitig als Arbeitsplatz für die häuslichen Arbeiten, an wärmeren Tagen auch als offene Wohnstube. Die geschlossenen Außenwände sind wirksamer Schutz gegen die häufigen Schnee-, Regen- oder Sandstürme. Ein kleineres Haus wird, ein- oder zweigeschossig, in Hanglagen gebaut. Bei zweigeschossigen Typen ist auf der Talseite im Obergeschoß mittig oft eine Terrasse angeordnet, die dann ähnliche Funktionen wie der Innenhof übernimmt. Die Häuser kommen auch in gemischter Form vor, derart, daß Atriumhäuser gestaffelt übereinanderstehen wie z.B. in Westtibet in Leh und Shade.

Im Osten und Süden Tibets kommen, durch die Nachbarländer beeinflußt, andere Haustypen vor. Im Tschumbital, das zungenartig zwischen Sikkim und Bhutan nach Süden ragt, sind die Wohngebäude ähnlich jenen in Bhutan: Im Untergeschoß aus Stampflehm, in den Obergeschossen dagegen zumindest zum Teil aus Holzkonstruktionen mit einem flachgeneigten und weitüberstehenden Dach errichtet. Mit den holzschindelgedeckten Dächern erinnern diese Häuser stark an den alpinen Baustil Europas.

Lhasa, Lingkhor, Barkhor und Jokhang

Lhasa, von Srongtsan Gampo als Hauptstadt erwählt, war im eigentlichen Sinne die einzige Stadt Tibets, während die anderen Städte mehr Streusiedlungen oder große Karawanenplätze waren. Die Stadt entwickelte sich um den Tsug-Lag Khang, der von einem Straßenring, dem Barkhor, umschlossen wird, von welchem Straßen in verschiedene Richtungen laufen. Dieses sternförmige Wege-

Foto links: Ein Stück "Himmel" auf der Erde. Der Eingangsbereich des weißen Palastes im Potala. Die Kapitäle sind für Tibet typisch als "Wolkenkapitäle" ausgebildet. Stützen, Kapitäle, Türstöcke und Simse sind mit ornamentalen und gegenständlichen Schnitzereien versehen und mit Gold, Silber sowie leuchtenden Farben gefaßt.

netz sowie Straßen, die parallel zum Barkhor angelegt sind, bilden das Gerippe der Stadtstruktur. Die meist um einen Innenhof gruppierten, zwei- und dreigeschossigen Häuser stehen eng in Blöcken zusammen. Die Mauern sind leicht konisch, sich nach oben verjüngend, ebenso die Fensterfaschen. Fenster und Türstürze tragen stark farbig gefaßte Ziergebälke, die Mauerflächen sind weiß gekalkt, die Faschen schwarz oder grau abgesetzt. Solch stattliche Häuser gab es praktisch nur in der Hauptstadt. Bis 1950 wohnten in Lhasa ungefähr 30.000 Menschen, darunter der größere Teil aller Adelsfamilien aus Tibet. Auch die wenigen ausländischen Vertretungen waren hier angesiedelt. In erster Linie war die Stadt Verwaltungsmetropole, aber auch Pilgerziel sowie Karawanen- und Handelsplatz.

Die aus allen Landesteilen nach Lhasa strömenden Pilgerscharen umgingen die Stadt zunächst möglichst mehrere Male - immer im Uhrzeigersinn - auf dem äußeren Ritualweg, dem Lingkhor. Der Lingkhor war etwa 7 Kilometer lang, führte im Osten eng um die Altstadt und machte im Westen einen großen Bogen, um auch das Kloster Kundeling, vor allem aber den Potala, einzuschliessen. Viele Tibeter umrundeten die Stadt auf diesem Ritualweg nicht durch Gehen, sondern sie maßen den Weg mit ihrem Körper, d.h. sie warfen sich nieder, standen auf, um zwei Schritte zu gehen und sich erneut niederzuwerfen.

Danach begaben sich die Pilger in die Stadt, um auf die gleiche Weise auf dem inneren Ritualweg, dem Barkhor, der etwa 8oo Meter lang ist, zweimal am Tage den Tsug-Lag Khang zu umgehen.

Altstadt und Barkhor haben ihr Gesicht weitgehend erhalten. Nachdem Tibet wieder etwas mehr religiöse Freiheit erhielt, strömen auch wieder die Pilger über den Barkhor, drehen Rosenkränze und Gebetszylinder oder messen die 8oo Meter durch Niederwerfen und Aufstehen.

Der Lingkhor hingegen ist teilweise verbaut und es war nicht festzustellen, ob Pilger auch versuchen, den äußeren Ritualweg noch zu umschreiten. Lhasa hat jetzt 12o ooo Einwohner. Die Altstadt wird eingeschlossen von großen Neubauvierteln, meist Verwaltungs - und Wohnbauten der Chinesen. Im Westen reichen diese Neubauareale bis weit über das Dorf Tschö und den Potala hinaus, so daß dieser, früher durch einen breiten Grüngürtel von der Stadt getrennte, Komplex jetzt in die Stadt eingeschlossen ist. In Alt- und Neu-Lhasa begegnen

Vorherige Seiten: Am Barkhor in Lhasa. Rechts der Haupteingang zum Tsug-Lag Khang und Jokhang, fast in Bildmitte der — jetzt vertrocknete — Weidenbaum, den Prinzessin Wen Cheng gepflanzt haben soll.

sich zwei Welten: hier das alte Tibet, die verbotene Stadt mit traditionellen Gebäuden, flachen Lehmdächern, engen verwinkelten Gassen, kleinen Läden und dem großen Tsug-Lag Khangtempel - dort wellblechgedeckte große Baublöcke, umrahmt von größeren Grünflächen und mit breiten Fahrstraßen erschlossen.

Zentrum Lhasas ist auch heute noch der Tsug-Lag Khang, der Tempelkomplex mit dem eingeschlossenen Jokhang, der "Kathedrale des Buddhismus". Ob der Tempel Mitte des 7. Jahrhunderts schon bestand oder erst für die von Prinzessin Wen Cheng als Hochzeitsgeschenk mitgebrachte Buddhastatue Jo-bo gebaut wurde, ist nicht bekannt. Der heutige Bau stammt im wesentlichen aus dem 13. sowie den nachfolgenden Jahrhunderten. Neben dem Jokhang beherbergte der Tsug-Lag Khang wichtigste Institutionen des Staates, wie den Kashag, den tibetischen Ministerrat, den Finanzhof, die Schule der weltlichen Beamten, das Büro des Regenten, aber auch die Stadtverwaltung von Lhasa, Gericht und Gefängnis. Der größere Teil der mehreren hundert Räume diente rein religiösen Zwecken; so gab es Räume für den Dalai Lama und das Staatsorakel von Netschung und die höchsten geistigen Würdenträger, unzählige, einzelnen Gottheiten gewidmete Kapellen, Schreine, Meditationsräume und Zeremonienhallen, einen Bon-po-Tempel sowie Lagerräume und Magazine für Lebensmittelvorräte, Opfergaben, Ritualgerät und einige Küchen mit Nebenräumen.

Vor dem Tsug-Lag Khang stehen eine größere und eine kleinere Steinsäule sowie der jetzt trockene heilige Weidenbaum. Der Haupteingang führt an den vier Weltenhütern vorbei in die von roten Säulen getragene Hauptgebets- und Versammlungshalle, die zum Innenhof hin offen ist. An der linken Wand befindet sich der Thron des Dalai Lama. In dieser rotgold schimmernden Halle fanden u. a. die 14 Tage dauernden Neujahrsfeierlichkeiten statt. Geradeaus durch die Halle erreicht man durch das Sandelholztor den Jokhang. Die Haupthalle ist von einer Reihe Kapellen, die u.a. Amitabha, den acht Medizinbuddhas, Avalokiteshvara und Maitreya geweiht sind, umgeben. Gegenüber dem Eingang auf erhöhtem Podest befindet sich die große Kapelle mit dem berühmten Standbild Shakyamunis: Jo-bo. Über dem Sandelholztor liegt an der Galerie des ersten Obergeschosses die große Kapelle Srongtsan Gampos, rechts davon in einem anderen Gebäudeteil die Räume des Kashag und des Bürgermeisters von Lhasa, im zweiten Obergeschoß schließlich der Simchung des Dalai Lama sowie das Auswärtige Amt und das Finanzamt. Das dichte Nebeneinander von

Fotos auf den nächsten Seiten: Zeremonienhalle, in der u.a. die 14 Tage dauernden Neujahrsfeierlichkeiten abgehalten wurden im Tsug-Lag Khang.

Das Detail zeigt deutlich die feine kunsthandwerkliche Arbeit der vergoldeten Dächer des Jokhang.

Kapellen und Ämtern zeigt einmal mehr die enge Verbundenheit von Staat und Kirche in Tibet.

Die total vergoldeten, leicht geschwungenen Dächer ruhen auf vielfach übereinandergesetzten Zierbalkenlagen. Die Golddächer heben den Tempel gleichsam über die Stadt. Bis 1959 war im Tsug-Lag Khang ein unvorstellbares Kommen und Gehen, Gedränge der vielen Tausend Pilger. Heute ist der Jokhang als Museum ausgewiesen, kostet 11 Pfennige Eintritt und wird mehrmals in der Woche geöffnet. Einige Hundert Tibeter, die an den offenen Tagen hineinströmen, besuchen den Jokhang jedoch nicht als Museum: sie pilgern dorthin, beten und bringen ihre Butteropfer.

Potala und Norbulingkha, die Residenzen der Dalai Lamas

Etwa 2 Kilometer westlich der Stadtmitte Lhasas erhebt sich auf dem Marpori, dem roten Berg, der Potala. Srongtsan Gampo zeichnet auch hier für den ersten Bau. Im 7. Jahrhundert errichtete er auf dem Marpori eine Festung, den "Palast der Unsterblichkeit", der Legende nach 9 Stockwerke hoch. Der "Große Fünfte" Dalai Lama, Lobsang Gyatso, begann dann 1643 mit dem Bau des Potala, des Hauses der Götter. 1661 soll der rote Palast, der Phodangmarpo, bereits vollendet gewesen sein. Ausnahmsweise wird für diesen Bau auch ein Architektenname, Santi taso, genannt. Mit Zahlen läßt sich dieses Bauwerk auf dem scharfen, schmalen Bergrücken mitten in der Ebene und den kahlen Fünf-, Sechs- und Siebentausendern im Hintergrund nur schwer umreißen. Etwa 400 m lang ist die Vorderfront und 15 000 Säulen tragen die Decken der mehr als 750 Hallen, Zimmer und Kammern. 120 m überragen die Golddächer des Potala die Stadt.

Als Residenz der Dalai Lamas mit der signifikanten mächtigen Wirkung genießt der Potala eine ähnlich hohe Verehrung der Tibeter wie der Jokhang. Schon frühe Reisende berichteten begeistert vom Potala, wie z.B. der Jesuitenpater J. Grueber, der schon im Jahre 1661 die "ausnehmend schöne" Architektur bewunderte und der Lazaristenpriester Huc schrieb 1846: "... Das Gebäude besteht aus einer Vereinigung mehrerer Tempel, von verschiedener Größe und Schönheit; jener in der Mitte hat vier Geschosse und ragt über alle anderen empor. Seine Kuppel und die Säulen des Peristyls sind vergoldet. Hier thront der Tale Lama; von diesem hohen Heiligtum übersieht er weit und breit die Gegend und blickt an hohen Festtagen auf die unzähligen Scharen der Andächtigen, welche aus der Ebene heranziehen." 20) Der mittlere rot gefaßte Gebäudeteil, der rote Palast, ist der wichtigste geblieben. Hier befinden sich die größten Zeremonienhallen, 35 Schreine und Kapellen, 4 Meditationshallen und 7 Grabkammern verstorbener Dalai Lamas mit den jeweils 3 Stockwerke hoch reich geschmückten Reliquientschörten. Es sind darunter die Nordhalle, die große westliche Halle mit dem Lebenslauf des "Großen Fünften" in feinsten Wandmalereien, die Grabhalle mit dem 14 m hohen und 3700 kg Gold belegten Grabtschörten des 5. Dalai Lama und die Halle zum Schutz der Religion; weiter die Reliquienhalle des 13. Dalai Lama, sowie die Halle des 6. Dalai Lama. Im rechten östlichen Flügel waren Regierungsräume, die Sitzungssäle der Nationalversammlung und die Schule der Tsedrungs, der Mönchsbeamten, untergebracht, während im linken westlichen Flügel eine Mönchsgemeinschaft mit 175 Mitgliedern lebte. Die Räume des Dalai Lama mit der Westsonnenscheinhalle liegen im obersten Geschoß des roten Palastes.

In den unteren Geschossen waren Bibliotheken und Magazine untergebracht. Allein 7000 großvolumige handgeschriebene Bücher wurden neben Schriftrollen, den Insignien der tibetischen Könige und den Schätzen der Dalai Lamas hier aufbewahrt. In den Regierungsdepots (meist Kellerräumen) lagerten große Vorräte an Butter, Tee und Textilien für Armee, Klöster und Regierungsbeamte. In vier Eckbastionen des Potala bewachten Soldaten die riesigen Schätze.

Über die großen Flachdächer des Gesamtkomplexes erheben sich geschweifte Golddächer über den Grabkapellen der verstorbenen Dalai Lamas. Lobsang Gyatso plante ein Bauwerk, "in welchem sich das Wohnen des Göttlichen auf Erden und das Entrücken der Menschheit in höhere Sphären sichtbaren Ausdruck finden sollte", hat G. Schulemann zur Bauaufgabe ausgeführt. Der architektonische Reiz des gewaltigen Gebäudekomplexes liegt in der feinen Gliederung in Einzelbauten sowie der Strukturierung mit Galerien und Fensterreihen.

Foto auf der nächsten Doppelseite:
Der Potala, nicht nur Residenz der Dalai Lamas,
sondern auch die Krönung
tibetischer Architektur und Kunst

Über dem kleinen Dorf Tschö, in welchem Regierungs- und Armeebüros sowie der Marstall und die Druckerei untergebracht waren, führen breite Treppen mit flacher Neigung zu den Toraufbauten des Potala. Die Treppenanlagen sind so gestaltet, daß man auch hinauf- und hinunterreiten kann. Durch das östliche Tor erreicht man zuerst den galerieumstandenen Religionshof, der für die großen Maskenmysterien, die Tschamspiele, diente. An weiteren Torhallen und Kapellen vorbei geht der Weg dann in den roten Palast mit den riesigen Versammlungssälen.

Während die Baukörper rein tibetische Merkmale aufweisen, sind bei Ausstattung und Ausschmückung auch Einflüsse aus der Mongolei, China und Indien spürbar. So sind die großen Tonskulpturen aus den Wüsten im Norden beeinflußt und die Gestaltung von Säulen und Kapitälen aus China. Dies ist um so weniger erstaunlich, da neben den 7000 tibetischen Arbeitern, die im 17. Jahrhundert an dem Palast wirkten, auch Handwerker aus China, Nepal und Kaschmir hinzugezogen wurden. Der Schmuck ist in der Qualität und Quantität fast unbeschreiblich. Nach dem schlichten Weiß des Äußeren, abgesetzt mit schwarzen Fensterfaschen und braunen Atticken, wird man schon in den Torbauten geblendet. Rot und Gold dominieren hier. Die stark profilierten Säulen, Kapitäle, Türbekleidungen und -stürze tragen dekorative, farbig gefaßte Schnitzereien. Über den Türen wachen in Reihen weiße tibetische Schneelöwen, an den Außenwänden die vier "Wächterkönige". Kapellen und Hallen sind noch reicher ausgestattet. Die Wände sind vollflächig von Malereien bedeckt. Dazu kommen die vergoldeten und mit Juwelen überhäuften bis zu 14 Meter hohen Reliquienschreine der verstorbenen Dalai Lamas, die oft mehrere Stockwerke hohen Skulpturen, Altaraufbauten, Ritualgegenstände, Thangkas, Siegesbanner und Butterlampen.

1961 wurde der Potala per Erlaß des Staatsrats "zu einem Schwerpunkt des staatlichen Denkmalschutzes" erklärt und zu seiner Erforschung und Verwaltung ein eigenes Amt eingerichtet. Für die inzwischen in ausgezeichneter Weise durchgeführte Restaurierung wurden mehr als hundert Tonnen Farbe benötigt.

Weiter außerhalb der Stadt, etwa 7 Kilometer von der Stadtmitte in einem Park von mehr als 360 000 Quadratmetern, liegt der Norbulingkha, der Edelsteingarten, die Sommerresidenz der Gottkönige. Vom 7. Dalai Lama in der zweiten Hälfte

Foto links:
Fassade des weißen Palastes
im Potala als typisches Beispiel
tibetischer Tempelarchitektur.

des 18. Jahrhunderts eingerichtet, wurde dieser Palast mehrfach geändert und nach Auskunft der tibetischen Behörden zuletzt 1954 unter dem 14. Dalai Lama weitgehend erneuert. Mit 1080 Quadratmeter Grundfläche und 2 Geschossen nimmt sich der Norbulingkha gegenüber dem Potala sehr bescheiden aus. Die wichtigsten Räume sind: der Empfangsraum des Dalai Lama mit dem Thron und einem Standbild des historischen Buddha daneben, weiteren Skulpturen von Shakyamuni und Maitreya sowie Wandmalereien, die Klöster wie geschichtliche Ereignisse darstellen, die "Große Lesehalle", Meditationsräume sowie die kleinen Wohn- und Schlafräume. Auffallend bei den Architekturteilen wie der Ausstattung und dem Schmuck ist die Detailtreue zum traditionellen tibetischen Stil.

Drepung und Sera

Die Klosterstädte Drepung, Sera und Galdan dienten zur fortlaufenden Ausbildung einer Mönchselite für ganz Tibet und besaßen innerhalb des Staatsapparates wichtige Befugnisse, Rechte und Pflichten; aus diesem Grund erhielten sie den Beinamen "Die drei Säulen des Staates".

Drepung, "Reishaufen", wurde 1414 von Reformator Tsongkhapa gegründet und liegt gut 6 km westlich von Lhasa am Fuße eines 5600 m hohen Bergrückens. Auf der Spitze dieses Bergrückens wurde der Legende nach der erste Tempel geschaffen. Die nachfolgenden Generationen bauten dann das Kloster mit zahlreichen Einzelgebäuden langsam aus. Vom Tal aus kommend durchwandert man auf schmalen Wegen die unteren Teile der Klosterstadt: Mönchswohnungen und Magazine. Dann folgen, übereinander am Hang gestaffelt, die ersten Dukhangs, die großen Zeremonienhallen mit vorgelagerten Höfen. Herausragend ist der sogenannte "große Dukhang" mit dem riesigen Standbild Manjusris und der nachfolgenden Halle der "Drei Zeitalter". Links in dieser Halle steht der Buddha des vergangenen Weltzeitalters Kashyapa, in der Mitte Buddha Skakyamuni für die Gegenwart und rechts Maitreya, der Buddha für ein

Foto links:
Türsturz im weißen Palast
mit Ziergebälk und Fries
aus Schneelöwen und Fabeltieren.

zukünftiges Weltzeitalter. Vor den drei Buddhas steht ein Standbild Tsongkhapas, des Klosterstifters, des Vaters der "Gelben Kirche".

In den beiden obersten Schreinen Drepungs genießt eine weitere Statue Maitreyas höchste Verehrung, in der Halle rechts daneben wird Shakyamuni gehuldigt.

Von den früher mehr als 10 000 Mönchen sind nur noch 240 übrig geblieben. Statt des Äbtekollegiums steht jetzt ein Verwaltungskomitee dem Kloster vor. Die älteren Lamas erhalten eine minimale Rente, die jüngeren arbeiten auf den Feldern oder in Werkstätten. Im neu für Besucher eingerichteten Empfangsraum hat eine chinesische Delegation 1956 ein Spruchband mit einem Zitat Mao Zedongs aufgehängt: "Es lebe die Einheit der verschiedenen Nationalitäten Chinas".

Sera liegt nur wenige Kilometer nördlich von Lhasa. Das "Wildrosenhofkloster" wurde 1417 von einem Schüler Tsongkhapas, Byams-c'en c'os-rje, am Ort von Eremitenhöhlen gegründet.

Die Klosteranlage ist etwas kleiner als die von Drepung, aber ähnlich angelegt. Zu den verschiedenen Dukhangs, die alle vorbildlich restauriert sind, gehört die "Halle des Geheimnisses" mit einem Standbild des Stifters und Kapellen u.a. für Shakyamuni und den Dharmapala Yamantaka. In einer weiteren Zeremonienhalle, die man nach dem Durchschreiten eines kleinen Tales erreicht, ist das System der 108 Säulen zu sehen: 12 Reihen mit je 9 Säulen tragen die Decke. Neben der großen Maitreyastatue befinden sich in dieser Halle kleinere des 13. Dalai Lamas sowie wiederum Figuren des Gründers. Die vier an den Dukhang hinten anschließenden Kapellen sind verschiedenen Heiligen und Gottheiten geweiht, die linke Kapelle Buddha Shakyamuni und den Arhats, die nächste Amitabha, die dritte Tsongkhapa und der Göttin Lhamo und ganz rechts wird im Gonkhang neben anderen "Schrecklichen Gottheiten" Yamantaka verehrt. Einige der von den Rotgardisten zerstörten Tempelhallen sind noch nicht wieder instandgesetzt. Die Arbeiten daran sollen jedoch fortgesetzt werden. Statt der ehemals 4000 – 5000 Mönche leben heute nur noch etwa 60 Lamas in Sera.

Foto links:
Detail des Reliquienschreines eines verstorbenen Dalai Lama. Der im Foto angeschnittene Tschörten ist vergoldet und mit teilweise handflächengroßen Halbedelsteinen geschmückt.

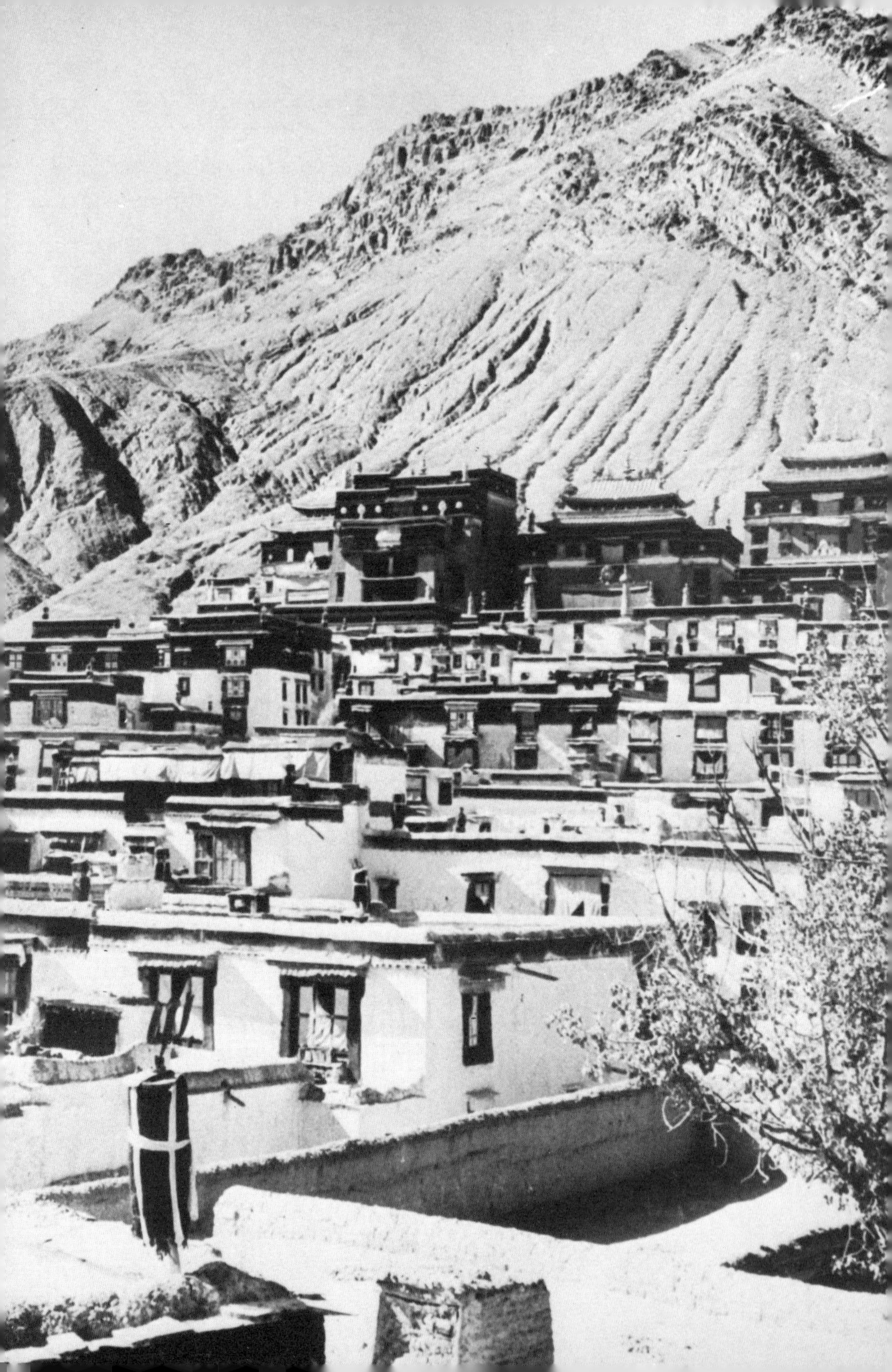

Galdan, 1409 ebenfalls von Tsongkhapa gegründet, lag versteckt etwa 20 km östlich von Lhasa und wurde während der Kulturrevolution weitgehend zerstört. Jetzt versucht man dort, einzelne Gebäude wieder zu erstellen.

Foto links:
Neben den "Drei Säulen des Staates" gab es noch zwei sehr große Klosterstädte: Kumbum in Amdo und Tashi Lhunpo, den Sitz des Pantschen Lama, bei Schigatse. Das Foto zeigt einen Ausschnitt aus Tashi Lhunpo.

Fotos auf den nächsten Seiten:
Gasse im Kloster Drepung.

Blick von Drepung in das Tal des Kyitschuflusses.

Wohnblockbau des "Neuen Lhasas" unterhalb des Tschagpori.

VI.

Tibets Weg in die neue Zeit

Einmarsch der Volksbefreiungsarmee und 17 - Punkte - Abkommen

Mit dem Einmarsch der Volksbefreiungsarmee Mao Zedongs am 7.10.1950 begann für Tibet die Neuzeit. Kurz darauf, am 17.11., nachdem das Staatsorakel von Netschung den Ratschlag erteilt hatte, dem jungen Dalai Lama die Regierungsgewalt zu übertragen, bestieg fünfzehnjährig Seine Heiligkeit, der 14. Dalai Lama, den Löwenthron Tibets. Die chinesischen Neuerungen setzten zunächst langsam ein, erst nach 1965 griffen sie schneller und wurden deutlicher spürbar.

Voranstellen muß man den Neuerungen in Tibet, daß damit der gravierendste Umbruch eingeleitet wurde, den das Land je erlebte: die Umwandlung der feudalen Theokratie zum Teil einer sozialistischen Volksrepublik. Dieser Wandel griff tief in das Leben jedes Tibeters ein, er brachte neben großen Vorteilen auch schwerste Nachteile. Zu den Vorteilen ist in erster Linie die Abschaffung des Feudalsystems zu zählen, die aus der großen Masse abhängiger, teils höriger Bauern und Viehzüchter freie oder doch zumindest freiere Menschen machte. Daneben ist nicht zu unterschätzen, daß mit dem Einmarsch der Volksbefreiungsarmee erst eine langsame Erschließung des Landes begann. Ein Erziehungswesen mit Bildungsmöglichkeiten für alle wurde ins Leben gerufen, ebenso das Gesundheitswesen reorganisiert und langsam eine Industrie zum Keimen gebracht. Andererseits kann nicht deutlich genug gesagt werden, daß mit der Beseitigung des größten Teils der Mönche und Klöster und damit des Apparates der Gelben Kirche die alte tibetische Hochkultur in Tibet selbst dem Untergang geweiht ist. Wie sich ein solcher Verlust auf die tief religiöse tibetische Bevölkerung auswirken wird, ist noch nicht abzusehen. Unabhängig von der Frage der Ausübung politischer Macht in Tibet mußten sich die Tibeter in wenigen Jahren bis in die persönlichsten Bereiche völlig umstellen. Viele Wertvorstellungen wurden über Nacht umgedreht. Das Leben der Tibeter war seit Jahrzehnten an zwei Fixpunkten ausgerichtet: der Religion des tantrischen Buddhismus und dem Familien- oder Stammesverband. Der Glauben und mit ihm in der

Foto links:
Hirtennomaden mit ihren Reitpferden
in der Steppe. Im Hintergrund einer der gewaltigen
Gebirgsstöcke, die die Steppen durchziehen.

Volksreligion verwurzelt auch bestimmte Anteile Aberglauben unter dem unantastbaren Gesetz des Kreises der Wiedergeburten und des Kausalzusammenhangs von Taten und ihren Folgen prägten das Leben jedes Tibeters bis in die kleinste Phase. Der Buddhismus mit der allgegenwärtigen "Gelben Kirche" war gleichzeitig Macht und Schutz, Staat und Kirche. Der Stammesverband war die Welt. Mit der Geburt war der Tibeter ein Teil einer Großfamilie, war sein Stand vorgegeben und sein Lebensweg vorbestimmt.

Marxistisch-leninistische Ideologien, logisches naturwissenschaftliches Denken, der Umgang mit Technologien war den Tibetern fremd. Die neuen Oberherren bemühten sich, den Tibetern zu suggerieren, daß ihre alten Werte, ihr Weltbild, ihre Lamas und Götter untauglich seien und brachten ihnen ein politisches System, eine Weltanschauung, die die Tibeter auch in der zweiten Generation nicht verstehen. Viel zu tief verwurzelt ist das Gedanken- oder Ideengut aller Tibeter in der Religion, als daß sie diese hätten abstreifen können. Viel zu abstrakt sind den Tibetern die Ideologien von Marx und Lenin, so daß sie es selbst bei gutem Willen und ohne den Schmerz über den Verlust der Religion schwer haben, den neuen Zielsetzungen zu folgen. Der Dalai Lama sieht in "Mein Leben und mein Volk" den entscheidenden Unterschied zur Oberhoheit der Mongolen und Chinesen in früheren Jahrhunderten über Tibet zum heutigen Zustand, daß die früheren Oberherren nicht in die inneren Angelegenheiten Tibets eingriffen.

Ungeachtet des Aufstandes der Khampas gegen den Einmarsch der Chinesen wurde am 23. Mai 1951 in Peking das "Abkommen der Zentralregierung der Volksrepublik China und der lokalen tibetischen Regierung zur friedlichen Befreiung Tibets" unterzeichnet. Die wichtigsten Punkte des sogenannten 17-Punkte-Abkommens waren:

> "1. Das tibetische Volk wird sich zusammenschließen und die imperialistischen aggressiven Kräfte aus Tibet vertreiben. Das tibetische Volk wird in die Völkerfamilie seines Mutterlandes, der chinesischen Volksrepublik, zurückkehren.
>
> 2. Die regionale Regierung Tibets wird der Volksbefreiungsarmee bei ihrem Einzug in Tibet aktiv beistehen und die nationale Verteidigung verstärken.
>
> 3. In Übereinstimmung mit der im Programm der Politischen Konsultativen Konferenz des chinesischen Volkes nieder-

gelegten Nationalitätenpolitik hat das tibetische Volk das Recht auf Ausübung der nationalen regionalen Autonomie unter der zentralen Leitung der Zentralen Volksregierung.

4. Die Zentralbehörden werden das in Tibet bestehende politische System ebenso wie den festgesetzten Status, die Funktionen und Vollmachten des Dalai Lama nicht ändern.

5. Der festgesetzte Status, die Funktionen und Vollmachten des Pantschen Lama werden aufrecht erhalten werden.

7. Es wird die im Programm der Politischen Konsultativ-Konferenz des chinesischen Volkes niedergelegte Politik der religiösen Glaubensfreiheit verfolgt werden. Die religiösen Bekenntnisse, Sitten und Gebräuche des tibetischen Volkes werden respektiert und die Lama-Klöster geschützt werden. Die Zentralbehörden werden an den Einkünften dieser Klöster keine Änderung vornehmen.

11. Hinsichtlich verschiedener Reformen in Tibet wird von den Zentralbehörden keinerlei Zwang angewandt werden. Die regionale Regierung Tibets soll die Reformen freiwillig durchführen, und wenn das Volk die Durchführung von Reformen fordert, wird die Frage dieser Reformen durch Beratung mit maßgebenden Persönlichkeiten Tibets entschieden werden.

12. Wenn die ehemaligen proimperialistischen und kuomintangfreundlichen Beamten entschlossen alle Beziehungen zum Imperialismus und der Kuo-min-tang abbrechen, keine Sabotage treiben und keinen Widerstand leisten werden, können sie nach wie vor in ihren Stellen verbleiben, ungeachtet ihrer vorherigen Einstellung.

14. Die Zentrale Volksregierung wird alle auswärtigen Interessen des Gebietes von Tibet zentral wahrnehmen. Zu den Nachbarländern wird eine Politik friedlichen Nebeneinanderlebens verfolgt werden. Auf der Grundlage der Gleichheit, des gegenseitigen Vorteils und der beiderseitigen

Achtung der territorialen Einheit und Souveränität werden ehrliche Geschäfts- und Handelsbeziehungen festgesetzt und entwickelt werden.

15. Zur Sicherung der Durchführung dieses Abkommens wird die Zentrale Volksregierung einen Militär- und Verwaltungsausschuß sowie einen Wehrbezirksstab in Tibet errichten und wird außer dem von der Zentralen Volksregierung dorthin entsandten Personal in diese Organe zur Teilnahme an ihrer Arbeit eine möglichst große Anzahl einheimischen tibetischen Personals aufnehmen. Das einheimische tibetische Personal, das an der Arbeit des Militär- und Verwaltungsausschusses teilnimmt, kann sich aus patriotischen Elementen der regionalen Regierung Tibets verschiedener Bezirke und verschiedener Hauptklöster zusammensetzen. Die Liste dieser Personen wird auf Grund einer Beratung zwischen den von der Zentralen Volksregierung ernannten Vertretern und den verschiedenen interessierten Kreisen aufgesetzt und der Zentralen Volksregierung zur Billigung vorgelegt werden..." 21)

Das Dokument wurde auf tibetischer Seite von Minister Ngabo Ngawang Dschigme und vier Delegationsmitgliedern in Peking unterschrieben. Der Dalai Lama mußte das Dokument, wenn auch unfreiwillig, anerkennen. Das 17-Punkte-Abkommen wäre wahrscheinlich eine Basis zur Erhaltung der Gelben Kirche und ebenso zur Erhaltung der ursprünglichen tibetischen Kultur gewesen. Beide Seiten hielten sich jedoch nicht an das Abkommen. Die Chinesen schränkten schon bald die Macht der Gelben Kirche des Dalai Lama ein, andererseits verhinderten die Khampas im Osten und später auch im Süden Tibets durch fortlaufende Rebellion den "friedlichen" Weg der Befreiung Tibets. Die Abmachungen waren damit praktisch wertlos geworden.

Die Volksbefreiungsarmee erreichte am 9.9.1951 Lhasa. Mit den Soldaten kamen Wissenschaftler, Ingenieure, Techniker und kommunistische Kader und mit diesen wiederum die ersten neuen Einrichtungen. Noch im Herbst 1951 wurde die erste Poliklinik in Lhasa eingerichtet, 1952 die erste Grundschule mit zunächst 300, später über 1000 Schülern eröffnet, und im selben Herbst begann ein modernes Krankenhaus in Lhasa seinen Betrieb. Während der Widerstand der Khampas durch größere Angriffe sich verstärkte, konnte im Herbst 1954 die erste Straßenverbindung zwischen China und Tibet eingeweiht werden. Die

Tibet-Szetschuan-Straße hat eine Länge von 2225 Kilometern und führt von Tschengdu, der Hauptstadt Szetschuans über Kanting, Litang und Tschamdo nach Lhasa, über zahlreiche Gebirgszüge, 14 hohe Pässe und durch die tiefen Stromfurchen Osttibets, ein insgesamt äußerst schwieriges Straßenbauwerk. Der Transportweg, für den vorher Yak-, Pferde- und Eselkarawanen auf schwierigsten Bergpfaden einige Monate brauchten, konnte nun mit Lastkraftwagen – immer noch gefährlich und lange genug – in 14 Tagen bewältigt werden. Eine weitere Verbindungsstraße wurde kurz darauf fertiggestellt: die Tibet-Tsinghai-Straße, die von Sining in Amdo (Provinz Tsinghai) mit einer Länge von 2100 Kilometern nach Lhasa führt. Um die Vorbereitungen zur Umstrukturierung Tibets voranzutreiben, wurde 1956 das "Vorbereitende Komitee zur Errichtung der autonomen Region Tibet" eingerichtet, dem der Dalai Lama und der Pantschen Lama vorstanden.

Außer dem Straßenbau und dem damit verbundenen Kraftverkehr, der für Tibet ja bereits eine Revolution bedeutete, sowie der Anwesenheit der Befreiungsarmee gab es zunächst nur wenig Änderungen. In den neu entstandenen Schulen wirkten noch die Mönche mit. Es gab Religionsunterricht und Gebete zu Schulbeginn und Schulende. Die chinesischen Kader für den Aufbau von Industrien sowie Gesundheits- und Erziehungswesen wurden fortlaufend verstärkt. Für landwirtschaftliche Geräte sowie für Kraftfahrzeuge entstanden kleine Wartungsbetriebe. Das Entstehen weiterer industrieartiger Betriebe bzw. das Mechanisieren von handwerklichen Tätigkeiten wurde von der Regierung wie den Mönchen gebremst, da man Gefahren in zu schneller Wandlung und Umstrukturierung sah. Die Klöster übten noch weitgehend ihre Rechte und Pflichten aus; von ursprünglich 2oo ooo Mönchen bekleideten 1959 noch weit mehr als 1oo ooo ihre alten Ämter.

Der Aufstand gegen die Chinesen griff, beginnend mit der Kanting-Rebellion 1955/56, auf immer größere Landesteile Tibets über und gipfelte schließlich im März 1959 im offenen Aufstand in der Hauptstadt Lhasa. Die Rebellion wurde nach viertägigem Kampf am 22.3.1959 von den chinesischen Truppen niedergeschlagen, 4 Tage früher, in der Nacht vom 17. zum 18. März verließ der Dalai Lama Lhasa und flüchtete nach Indien. Dort wurde ihm später das Dorf Dharamsala im Kangratal als Exil zugewiesen, wo er seitdem eine Exilregierung führt, die jedoch außer von den etwa 12o ooo Exiltibetern, die nach und nach ebenfalls flüchteten und verstreut in Lagern in Indien, Bhutan, Nepal, Sikkim, ja sogar der Schweiz, leben, von keinem Staat anerkannt wurde. Die Ereignisse von 195o bis 1959 in Tibet werden in der Literatur sehr unterschiedlich geschildert und bewertet, je nachdem aus welchem "Lager" die Berichte stammen.

7-02919

Nachdem bereits im November 195o der tibetische Ministerrat und die Nationalversammlung die Vereinten Nationen in der "Tibetfrage" angerufen hatten, forderte der Dalai Lama nach seiner Flucht im September 1959 und ein zweites Mal ein Jahr später die UN auf, für Tibet zu intervenieren. In einem weiteren Apell vom 29.9.196o legte der Dalai Lama nochmals ausführlich die tibetischen Argumente zum Souveränitätsanspruch nieder und ging dabei auch auf das 17-Punkte-Abkommen ein:

"...32. Die tibetische Regierung wandte sich an die Vereinten Nationen mit der Bitte um Hilfe. Als Ergebnis der Niederlage der tibetischen Armee und nach dem Scheitern der Bemühungen der tibetischen Regierung, die Hilfe der Vereinten Nationen zu erlangen, waren wir gezwungen, eine Delegation nach Peking zu entsenden. Die Delegation wurde gezwungen,am 23.Mai 1951 einen Vertrag zu unterzeichnen, der als Siebzehn-Punkte-Abkommen bekannt ist.

35. Als Ergebnis eines umfassenden Bruchs aller wichtigen Bedingungen des Siebzehn-Punkte-Abkommens verwarf die Generalversammlung (gebildet aus Beamten und der Öffentlichkeit, hauptsächlich der Öffentlichkeit) jenes Abkommen, wozu sie durchaus das Recht hatte, und bestätigte am 10.März 1959 erneut die Unabhängigkeit Tibets." 22)

Die Vollversammlung der Vereinten Nationen reagierte darauf mit einer Resolution vom 20.Dezember 1961, die jedoch mehr oder weniger nur eine allgemeine Erklärung zur Wahrung der Menschenrechte darstellte und in keiner Weise geeignet war, die Probleme Tibets zu lösen.

Am 28. März 1959 erklärte Tschou En-lai den bis dahin noch als Regierungschef amtierenden Dalai Lama für abgesetzt und bildete eine neue Regierung unter Minister Ngabo. Den Regierungsvorsitz erhielt der Pantschen Lama. Ende 1964 wurde der Pantschen Lama als Vorsitzender des Verwaltungsausschusses von Tibet abgesetzt, an seine Stelle trat der frühere Minister Ngabo. Insgesamt strafften die Chinesen nach dem Aufstand 1959 die Zügel und übernahmen mehr und mehr die Regierungsgewalt. Am 9.9.1965 wurde als Abschluß dieser Anstrengungen Tibet zur autonomen Region der Volksrepublik China erklärt.

Damit war zunächst einmal ein Schlußstrich unter die bewegten Jahre von 195o - 1965 gesetzt. Diese autonome Region Tibet hat eine Größe von 1,2 Millionen

Foto links:
Ankunft des ersten Lastwagenkonvois
aus China in Lhasa, geschmückt
mit Parolen und Bildern Mao Zedongs.

Quadratkilometern, das sind etwa 12 Prozent der Landfläche der Volksrepublik China. Die 1,75 Millionen Einwohner Tibets dagegen machen nur etwa 0,2 Prozent der Bevölkerung in China aus. Die autonome Region war bereits 1959 neu eingeteilt worden und zwar in 5 Bezirke, unterteilt in 72 Kreise und die Hauptstadt Lhasa. Die 5 Bezirke (Distrikte) sind Schannan, Tschamdo, Nagtschu, Schigatse und das Ali-Plateau, auch Lhasa ist als Hauptstadt praktisch ein Bezirk.

Mitte der Sechziger Jahre fegte wie über ganz China auch über Tibet der Sturm der Kulturrevolution. Zum Entsetzen der Tibeter vernichteten die Roten Garden dabei höchste religiöse und kulturelle Güter. Eine der drei Säulen des theokratischen Staates, das Kloster Galdan, wurde ebenso zerstört wie die Reste der Medizinschule auf dem Tschagpori, die schon während des Aufstandes 1959 stark gelitten hatte. Der weitaus größte Teil aller Klöster im Land wurde geplündert oder gar vernichtet. Auch die Tschörten und Manimauern überstanden diese Zeit nicht. In der Stadt und in der Umgebung von Lhasa gibt es heute keinen einzigen freistehenden Tschörten mehr, wo es früher Tausende gab. Die Kulturrevolution war wohl der schwerste Schlag, den die Gelbe Kirche, aber auch alle anderen in Tibet noch wirkenden Schulen des tibetischen Buddhismus hinnehmen mußten. 1950 hatte Tibet etwa 2700 Klöster und Schreine mit mehr als 200 000 Mönchen, davon etwa 2000 Tulkus. Insgesamt zählte der Buddhismus des Diamantfahrzeugs in Tibet, der Mongolei und den westlichen Provinzen Chinas in jener Zeit 5000 Klöster mit 320 000 Mönchen und über 3000 Tulkus. Nach dem "Sturm" waren noch 10 Klöster mit rund 1000 Mönchen und einer kleinen Anzahl von Wiedergeburten übrig geblieben. Die nicht völlig zerstörten Klöster hatte man zu Magazinen, Lagern und Ähnlichem umfunktioniert, die Mönche "in das Arbeitsleben" eingegliedert.

Das tibetische Revolutionskomitee wurde am 8.September 1968 mit Tseng Yung-ya, dem stellvertretenden Kommandeur der Befreiungsarmee als Vorsitzendem, gegründet. Einer der stellvertretenden Vorsitzenden war Ngabo Ngawang Dschigme, der daneben auch das Amt des stellvertretenden Vorsitzenden des ständigen Komitees im Nationalen Volkskongreß innehatte.

Örtliches Organ der Staatsmacht ist der tibetische Volkskongreß. Das Revolutionskomitee ist das Ausführungsorgan des Volkskongresses, diesem verantwortlich und rechenschaftspflichtig und steht unter der einheitlichen Führung

Foto rechts: Die Medizinschule auf dem Tschagpori, dem Eisenberg, wurde bei den Aufständen 1959 stark in Mitleidenschaft gezogen und während der Kulturrevolution bis auf Grundmauerreste geschleift.

des Staatsrates.

Die Kompetenzen der tibetischen Führungsgremien ergeben sich aus der Verfassung der Volksrepublik China, Abschnitt 4: Die Organe der Selbstverwaltung der Regionen mit nationaler Autonomie, Artikel 38 - 40.

"Artikel 38

Die Organe der Selbstverwaltung der autonomen Gebiete, autonomen Bezirke und autonomen Kreise sind deren Volkskongresse und Revolutionskommitees. Wahl, Amtszeit, Funktionen und Befugnisse sowie Errichtung von Außenstellen der Volkskongresse und Revolutionskomitees der Region mit nationaler Autonomie richten sich nach den in Kapitel II, Abschnitt 3 der Verfassung festgelegten Grundprinzipien für den Aufbau der örtlichen Staatsorgane.

In allen Regionen mit nationaler Autonomie, in denen mehrere Nationalitäten zusammenleben, hat jede dieser Nationalitäten das Recht auf eine entsprechende Anzahl von Vertretern in den Organen der Selbstverwaltung.

Artikel 39

Über die in der Verfassung festgelegten Befugnisse örtlicher Staatsorgane hinaus üben die Selbstverwaltungsorgane der Region mit nationaler Autonomie im Rahmen der ihnen gesetzlich zugestandenen Befugnisse die Autonomie aus. Die Selbstverwaltungsorgane der Regionen mit nationaler Autonomie können entsprechend den politischen, wirtschaftlichen und kulturellen Besonderheiten der dortigen Nationalitäten Regeln für die Ausübung der Autonomie und sonstige Sonderregelungen ausarbeiten und dem ständigen Ausschuß des Nationalen Volkskongresses zur Genehmigung unterbreiten.

In Ausübung ihrer Funktion bedienen sich die Selbstverwaltungsorgane der Region mit nationaler Autonomie in Wort und Schrift der unter den dortigen Nationalitäten gebräuchlichen Sprache bzw. Sprachen.

Artikel 40

Die übergeordneten Staatsorgane müssen den Selbstverwaltungsorganen der Regionen mit nationaler Autonomie in vollem Maße garantieren, die Besonderheiten und Bedürfnisse der nationalen Minderheiten voll berücksichtigen, sich tatkräftig der Ausbildung von Kadern aus den nationalen Minderheiten widmen und den nationalen Minderheiten in der sozialistischen Revolution und beim sozialistischen Aufbau sowie bei der Entwicklung ihrer sozialistischen Wirtschaft und Kultur aktive Unterstützung und Hilfe erweisen." 23)

197o wurde mit der "sozialistischen Umgestaltung von Landwirtschaft und Viehzucht" begonnen. Dabei wurden mehr als 2ooo Volkskommunen, untergliedert in Produktionsbrigaden und Produktionsgruppen, gegründet. 1975 war die Umstrukturierung der Landwirtschaft abgeschlossen. Kleinere Handwerksbetriebe wurden nicht verstaatlicht oder in Kommunen zusammengeschlossen. Vorrangig wurde die Produktion von Winterweizen gefördert.

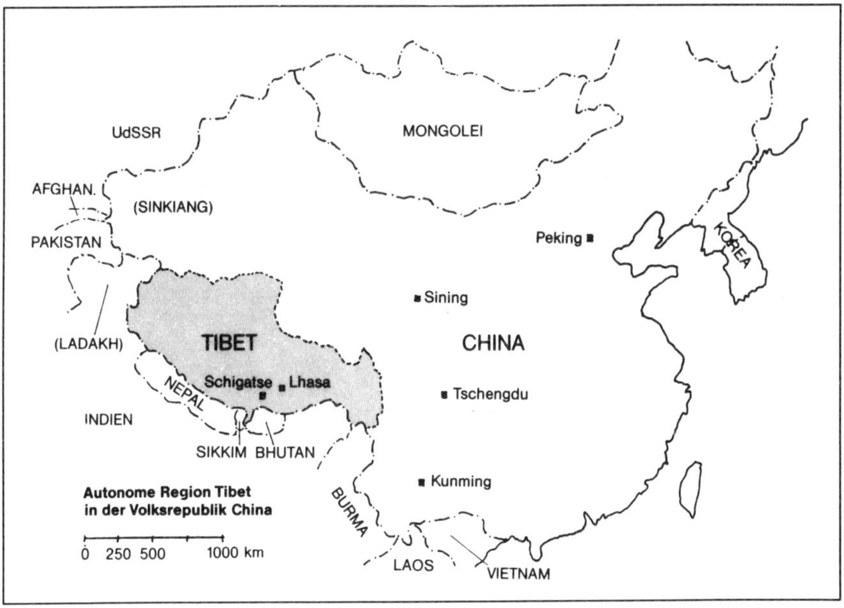

Die Kartenskizze zeigt das Größenverhältnis zwischen der autonomen Region Tibet und China.

Bilanz 1978

Ende 1978, drei Jahre nach Abschluß der sozialistischen Umgestaltung der Landwirtschaft und Viehzucht und 19 Jahre nach der Flucht des Dalai Lama, konnte folgende Bilanz gezogen werden:

Landwirtschaft und Viehzucht

Hauptlebensquelle sind immer noch die Viehherden: Schafe, Ziegen, Yaks und Tsos, eine Kreuzung aus Bullen und Yakrindern, mit den Produkten Tierhäute Fleisch, Wolle, Butter, Milch und Käse. Insgesamt zählte man 23.o89.ooo Tiere, 13 Tiere pro Kopf der Bevölkerung gegenüber geschätzten 1o.o8o.000 im Jahre 1959.

In der Landwirtschaft werden Hochlandgerste, Winterhochlandgerste, Winterweizen, Buchweizen, Erbsen und Bohnen, meist in einer Ernte pro Jahr, in wenigen günstigen Lagen im Süden in 2 Ernten produziert. Raps, Rüben und Hanf werden in Wechselfeldanbau gezogen. Insgesamt sind 3,8 Millionen mu, das heißt 252.ooo ha Land kultiviert, annähernd die Hälfte davon wird künstlich bewässert. 45o landwirtschaftliche Betriebe, das sind 14 Prozent, werden mit elektrischer Energie versorgt. Die gesamte Getreideernte betrug 525.ooo to gegenüber geschätzten 182.5oo to im Jahr 1959.

Das durchschnittliche Jahreseinkommen für in der Landwirtschaft oder Viehzucht Beschäftigte betrug cirka 11o Yuan, das sind rund 14o,– DM.

Verkehrswesen und Kommunikation

Insgesamt wurden seit 195o 91 Straßen mit einer Gesamtlänge von 23.ooo Kilometern gebaut. Neben den genannten Straßen von Lhasa nach Tschengdu und Sining wurden weitere Überlandstraßen nach Sinkiang 1956, zur Grenze nach Sikkim 1955 und nach Nepal der bekannte Arniko-Highway bis nach Kathmandu 1967 gebaut. Daneben wurden bis auf Meituo alle Kreise im Landesinnern mit Straßen erschlossen und 75 Prozent der Nebenstraßen fertiggestellt. Die Straßen besaßen zunächst meist nur Holzbrücken. Besonders die Brücken der Tibet-Szetschuan-Straße und der Tibet-Tsinghai-Straße wurden durch Schnee, Eis, Gebirgsbäche und Geröll zerstört, so daß diese Straßen häufig für Reparaturen gesperrt werden mußten. Bis 1980 wurden alle 53 Holzbrücken der Tibet-Tsinghai-Straße und 216 der 256 Holzbrücken der Tibet Szetschuan-Straße durch Stahl- oder Stahlbetonbrücken ausgewechselt.

In Tibet werden 2 Tageszeitungen herausgegeben. Tibet Daily mit einer Auflage von 4o ooo in tibetischer Sprache und 26 ooo in chinesischer Sprache und People's Daily mit 6000 Stück in tibetischer Sprache. 1978 wurden 54 neue Bücher verlegt, davon zwei Drittel in tibetisch.

Bildung, Kultur und Gesundheitswesen

Gravierend verändert wurde das Schulwesen. 195o gab es in Lhasa nur einige Privatschulen, d.h. die Eltern von jeweils einigen Schülern bezahlten einen Lehrer. Auf dem Lande lagen die Bildungsmöglichkeiten allein im Unterricht

Foto links:
Rinder, Tsos, Yaks und Pferde bilden auch heute
noch die Hauptlebensquelle der Tibeter.

durch Klöster. Öffentliche Schulen gab es nicht. Seit der ersten Schule in Lhasa 1951 wurden 66oo Grundschulen, 52 Mittelschulen, 25 polytechnische Schulen sowie 4 Hochschulen in Tibet errichtet. Insgesamt besuchten 1978 28o ooo Schüler und Studenten diese Bildungseinrichtungen.

1o professionelle Theatergruppen und über 1ooo Amateurtheater mit 15ooo Mitgliedern beleben die kulturelle Szene Tibets, daneben arbeiten 500 Filmvorführer. Seit 1972 hat eine Filmübersetzungsgruppe 17 Spielfilme und 16oo Dokumentarstreifen ins Tibetische übersetzt.

Über ganz Tibet verteilt sind 77o Krankenstationen mit 42oo Betten und 55oo Ärzten und medizinischem Personal. Jeder der 72 Kreise hat praktisch ein Krankenhaus, jede Kommune eine kleine Klinik und die Produktionsgruppen Krankenschwestern und Hebammen. Daneben arbeiten annähernd 8ooo "Barfußärzte", medizinische Assistenten und Hebammen dezentral in Tibet.

Industrie

Bis 195o gab es nur einen einzigen industrieähnlichen Betrieb mit cirka 8o Mitarbeitern in Tibet: die Münze in Lhasa. Es fehlten die grundlegenden Voraussetzungen für die Entwicklung von Industrien wie elektrische Energie, Maschinen und Transportmittel. Im Lhasa der Vierziger Jahre war im übrigen kein Platz für industrielle Unternehmungen. Regierung und Adel, die eine langsame Industrialisierung hätten einführen können, hatten kein Interesse daran, wie man sich überhaupt vor technischen Neuerungen mit Rücksicht auf Religion und Aberglauben scheute.

Bis 1978 wurden in Lhasa und dessen Umgebung, aber auch in anderen Städten und Kleinstädten, 260 kleine und mittlere Industriebetriebe und Unternehmen, alle mit elektrischer Energieversorgung, gegründet. Produkte aus 8o Warengattungen werden hergestellt. Die herausragenden Gruppen sind Kohleförderung, chemische Industrie, Maschinen und Baumaterial, Holzindustrie, Kraftfahrzeugreparaturwerkstätten, Spinnereien, Streichhölzer- und Papierfabrikation, Druckereien und die Aufbereitung von Lederprodukten sowie Nahrungsmitteln.

Die Woll- und Textilfabrik in Lindse ist mit mehr als 12 ooo Arbeitern und

Foto links:
Tibetische Hirtennomaden rüsten sich
für einen Wettkampf im Bogenschießen.

Angestellten ein herausragender Betrieb, der schon fast an "inländische" Verhältnisse erinnert. Hier wird ein größerer Teil der Wolle von mehr als 1o Millionen Schafen zu Garnen gesponnen und gefärbt. Maschinen und Arbeiter für diese Fabrik kamen aus Schanghai, inzwischen sind zahlreiche Han-Arbeiter durch angelernte Tibeter ausgewechselt worden. Die Energie für das Unternehmen liefert ein Wasserwerk am Tsangpo.

Dabei werden die natürlichen Ressourcen bis jetzt noch wenig ausgeschöpft. Tibet hat mit 6 Millionen Hektar Wald im Osten die zweitgrößte Waldfläche Chinas. Große Mineralvorkommen sind bekannt. "Zwischen 1955 und 1975 wurden von geologischen Prospektoren mindestens vierzig reiche Erzlagerstätten in Tibet entdeckt, darunter Gold, Bauxit, Titan, Silber und Eisen; Arsen, Borax, Glimmer und Mangan; Kupfer, Blei, Zink und Molybdän; Antimon, Salz, Schwefel, Barit, Graphit, Jade und Uran ... und neuerdings auch Ölvorkommen. Nicht weit von Lhasa liegen Kohlenflöze mit zwanzig Millionen Tonnen Kohle; andere Kohlevorkommen wurden in Tschamdo ermittelt." 24)

China hat mehr als das, was Tibet an Steuern und Abgaben einbrachte, in das Land investiert: mehr als 4 Milliarden D-Mark seit 1959. Die gewaltigen Anstrengungen, Investitionen und Entwicklungen hätten logisch betrachtet, dazu führen müssen, den Lebensstandard in Tibet zu verbessern. Aber auch Han Suyin irrt, wenn sie schreibt: "Weit entfernt von aller Unterdrückung seiner 'nationalen Bestrebungen', ist Tibet vielmehr beispielhaft in seinem Fortschritt, den es den oben genannten Führern und seinen tüchtigen, aktiven jungen Kadern auf allen Führungsebenen verdankt". 25)

Die Lebensverhältnisse im Jahre 198o lassen jedoch — auch ohne den Gedanken an die zum großen Teil verlorene Hochkultur — keine Zufriedenheit aufkommen. Allein eine Vergleichszahl macht dies deutlich, die 14o,— DM durchschnittlicher Jahresverdienst in der Landwirtschaft. Dieses Einkommen liegt noch weit unter dem durchschnittlichen Jahreseinkommen in der übrigen Volksrepublik China, ein Vergleich mit Industrienationen ist gar nicht anstellbar. In einigen Presseberichten wird davon berichtet, daß Tibet in den letzten Jahren Hunger leide. Auch die Delegationen des Dalai Lama, die Tibet jeweils über Monate besuchen konnten, berichten von größter Armut, Unzufriedenheit und Hunger, den es früher nicht gegeben hat.

Foto rechts:
Zimmerleute bei der Arbeit, in diesem Falle
Ausbesserungsarbeiten im Potala.

Generalsekretär Hu Yaobang drückte in außerordentlicher Selbstkritik aus: "Es ist höchst bedauerlich, daß wir nicht genügend (für das tibetische Volk) getan haben". 26)

Maßnahmen gegen die wirtschaftliche Unterentwicklung

Drei Gründe werden für die wirtschaftliche Misere der letzten Jahre angesehen:

Die Kulturrevolution mit der starken Unterdrückung des Buddhismus und der Zerstörung zahlreicher Klöster.

Die Errichtung der Volkskommunen, die nicht genügend Rücksicht auf lokale Gegebenheiten und die Eigenarten Tibets und der Tibeter nahm.

Die vorrangig angestrebte Weizenproduktion, für die schlechte Anbauverhältnisse in Tibet vorhanden sind und mit welcher die traditionellen Bauernbetriebe, die vielfach Ackerbau, Viehzucht und Kleingewerbe betrieben, zerstört wurden.

Die Zentralregierung in Peking reagierte auf die Schwierigkeiten und Fehler mit der Einsetzung eines Forums für die Arbeit in Tibet und einer Inspektionsreise unter Leitung des ZK-Generalsekretärs Hu Yaobang. Es wurden 8 Prinzipien für die künftige Tibetpolitik erarbeitet, die die Regierung Tibets am 20. 6. 1980 bekanntgab. Zu den 8 Prinzipien gehören unter anderem:
Für die Jahre 1980 und 1981 werden keine Landwirtschafts-, Viehzucht-, Industrie- und Handelssteuern erhoben. Auch die Verkaufsverpflichtungen an den Staat, andere Abgaben und Belastungen durch unbezahlte Dienstleistungen und Umlagen sowie die Straßenbenutzungsgebühren für landwirtschaftliche Fahrzeuge entfallen.
Die Lehrer für die lokalen Grundschulen werden ab dem 1.7.198o vom Staat bezahlt.
Die Produktions- und Arbeitsgruppen sollen in Zukunft selbst entscheiden, welche Pflanzen sie anbauen wollen, ebenso können sie über die Organisation ihrer Arbeit selbst entscheiden.
Der Besitz und die Arbeitskräfte der Produktionsgruppen wie der einzelnen Haushalte sollen mehr geschützt werden. "Egalitaristische" Beschlagnahmungen sind verboten.
Das den Bauern privat zur Verfügung stehende Land soll neu geordnet und vergrößert werden. Normal soll die Größe der Privatparzellen zwischen 5-7

Prozent der Anbaufläche der Produktionsgruppe betragen. In Produktionsgruppen, in welchen das Ackerland weniger als 2 mu (1334 qm) pro Kopf groß ist, darf die private Nutzfläche bis 10 Prozent, also 133 qm/pro Kopf ausmachen. Wo es möglich ist, soll darüber hinaus den Familien Land für den Futtermittelanbau zur Verfügung gestellt werden. Art und Anzahl des Privatviehs können selbst bestimmt werden, wo es die Gegebenheiten erlauben, können Kommunenmitgliedern unbebaute Berge, Abhänge und Ufer zum Anpflanzen von Bäumen oder Heu zur privaten Nutzung überlassen werden. Die früher enteigneten kleinen Obstgärten und Nutzholzstücke um die Bauernhäuser müssen den Bauern wieder zurückgegeben werden.

Die Volkskommunen werden dazu ermuntert, Handwerk und Nebengewerbe zu fördern, sie dürfen dazu Verträge, Aufträge des Transports und Bauwesens übernehmen und Gasthöfe, Restaurants, Pferde- und Maultierstationen sowie Reparaturwerkstätten errichten. Die Handwerker und kleineren Händler dürfen zur Ausübung ihres Berufes wieder von Ort zu Ort ziehen. Der Markthandel soll vergrößert werden, ebenso der traditionelle direkte Tauschhandel zwischen Hirten und Bauern. Der grenzüberschreitende Handel soll derart wieder entwickelt werden, daß die Bewohner von Nepal, Sikkim, Indien, Bhutan und Burma in Gebieten nahe der tibetischen Grenze und umgekehrt die tibetische Grenzbevölkerung die Grenzen überschreiten dürfen, um die Märkte zu besuchen und Tauschhandel zu betreiben. 27)

Umfassend nehmen die neuen Bestimmungen wesentlich mehr Rücksicht auf die historischen Strukturen der Bevölkerung Tibets und lassen dem Einzelnen wieder mehr Spielraum und persönliche Freiheit, dies insbesondere in den von den Tibetern so geschätzten Bereichen wie der privaten Tierhaltung und des Tauschhandels.

Es bleibt zu hoffen, daß dem tibetischen Volk nach 3o Jahren Krieg, Umbruch und alles umfassende Veränderungen ein wirtschaftlicher Niedergang erspart bleibt und die Lebensbedingungen aller Tibeter sich schnellstens verbessern.

VII.
Geschichte Tibets

Tibets Geschichte ist im folgenden Kapitel chronologisch aufgelistet. Diese Darstellungsart wurde einem fortlaufenden Text vorgezogen, um eine möglichst leichte Übersicht und das schnelle Auffinden von Einzelereignissen oder Persönlichkeiten zu gewährleisten. Der geringe Nachteil, daß dabei die eine oder andere zeitliche Überschneidung oder komplexe Vorgänge aufgesplittet hintereinander folgen, wurde dabei in Kauf genommen. Um eine leicht verständliche Lesbarkeit zu erreichen, sind tibetische Eigennamen und Begriffe (mit einigen Ausnahmen) auch hier in Lautschrift gesetzt. Im Glossar findet sich dann für alle wichtigen Namen und Begriffe jeweils zum Lautstichwort die Umschrift des Tibetischen.

Die großen geschichtlichen Epochen sind durch Untertitel zusammengefaßt.

Von den Anfängen zum tibetischen Großreich

Altsteinzeit	Früheste Hinweise auf Besiedelung des Südens und Ostens Tibets durch eine paläo-mongolide Rasse.
500 v.Chr. bis Zeitwende	Neben der Jagd wird Viehzucht betrieben: Ziegen, Schafe, Pferde und Esel sind bekannt. Letztere wurden von turanidischen Stämmen aus dem Norden eingeführt. Der Wildyak (Grunzochse) wird gezähmt und domestiziert. Die Tibeter leben in Stammesorganisationen als nomadisierende Hirten. Ackerbau, Metallverarbeitung und der Bau von Festungen beginnen.
Zeitwende bis 500 n.Chr.	In Südtibet dehnt sich der Ackerbau aus. Die Stämme bekämpfen sich. Als Religion wird der Bon-Glaube mit Erd- und Himmelsgottheiten sowie Tier- und Menschenopfern zu besonderen Anlässen ausgeübt.
6. Jh.	Die tibetischen Stämme einigen sich zu einem Staat.

Abb. links: Tonstatue des Königs Srongtsan Gampo im Potala. Der Buddhakopf in seinem Hut symbolisiert die Bekehrung zum Buddhismus.

607	Der 31.König des Yarlungreiches Namri Srongtsan begründet das Reich Thupo oder Thufo: Tibet.
620 - 649	Srongtsan Gampo, tibetisch-tangutischer Großkönig, bildet einen mächtigen Militärstaat. Die Hauptstadt ist zunächst noch Yarlung, wird aber dann nach Lhasa verlegt. Auf dem Marpori läßt Srongtsan Gampo eine Festung errichten.
632	Thonmi Sambhota, Minister Srongtsan Gampos, wird nach Indien entsandt, um Schriften und Bilder nach TIbet zu holen und erarbeitet anschließend ein tibetisches Alphabet, die Grundlage der Übersetzungstätigkeit buddhistischer Schriften.
637	Bhrikuti Srongtsan Gampo heiratet die nepalesische Prinzessin Bhrikuti.
641	Wen Cheng Nach Eingliederung des Tangutenreiches und Friedensvertrag mit China heiratet Srongtsan Gampo die chinesiche Prinzessin Wen Cheng. Wen Cheng bringt als Hochzeitsgeschenk die berühmte Statue Buddha Shakyamunis Jo bo nach Lhasa. Die Statue wird im Jokhang-Tempel aufgestellt. Weitere kleinere Tempelanlagen zu dieser Zeit sind der Ramotsche und Thulnang. Das Reich wird im Norden bis zum Kuku Nor-See, im Süden bis Nepal ausgedehnt. Srongtsan Gampo läßt Straßen, Brücken und Kanäle bauen sowie Maße, Gewichte und einen Kalender einführen. Durch die Heirat mit den beiden buddhistischen Prinzessinnen wird der König zum Buddhismus bekehrt und der Mahayanabuddhismus faßt Fuß in Tibet.
649 - 676	König Man-slon-man-brtsan Tibet wird nach Zentralasien erweitert.
676 - 704	König K'ri-adu-srong-brtsan Weitere Eroberungen in Zentralasien folgen.

704 - 755	König Titsuk Detsen versucht, den Buddhismus weiter zu verbreiten, scheitert aber am Widerstand seiner Minister. Titsuk Detsen holt Künstler aus China, Nepal, Zentralasien (Khotan) und Kaschmir nach Tibet.
710	Chin Cheng König Titsuk Detsen heiratet die chinesische Prinzessin Chin Cheng.
715 - 725	Ferghana und Kaschmir werden von Tibet erobert, ebenfalls große Teile Nordindiens und Westchinas.
722	Baltistan mit Gilgit wird von Tibet erobert.
755 - 797	König Tisong Detsen Die Eroberungen in Zentralasien werden fortgeführt.
763	Wird die chinesiche Hauptstadt Sian erobert. Gelehrte und Heilige werden aus Indien nach Tibet gerufen, unter ihnen der Patriarch Santaraksita mit Schülern, die zahlreiche Übersetzungen vornehmen. Weit bedeutender ist das Wirken des ebenfalls nach Tibet berufenen Tantrikers Padmasambhava aus Udiyana, mit dessen tantrischen Lehren die tibetische Form des Mahayanabuddhismus, Lamaismus, der Buddhismus des Diamantfahrzeugs, entsteht. Auf Padmasambhava geht die Nyingmapa, die Schule der Alten, zurück. Das tibetische Großreich umschließt nun Westchina bis Sian, Nordindien bis Kalkutta und Ostturkestan bis Taschkent und Kabul.
Um 770	Das Kloster Samye wird von Padmasambhava gegründet, die Bauzeit dauert 12 Jahre.
779	Der Buddhismus wird als Staatsreligion anerkannt. Zwei buddhistische Schulrichtungen haben sich entwickelt, die chinesische Schule Ch'an (Beschauungsschule) unter Hva san und die indische Schule (Tantraschule), die Yoga

und magische Praktiken einbezieht.

792 - 794 Konzil von Samye. Die indische Tantraschule geht als Sieger aus den Diskussionen hervor.
Nach dem Tode Königs Tisong Detsen entbrennt besonders heftiger Streit zwischen Bon-Anhängern und Buddhisten. Der politische Niedergang und Verlust außertibetischer Besitzungen beginnt.

797 - 799 König Mu-ne-btsan-po
Staatsreform und kleinere Kämpfe mit China.

799 - 815 König K'ri-lde-srong-brtsan Sad-na-legs
Tibetische Heere erreichen Samarkand.

815 - 838 König Ralpatschan
schließt 822 einen Friedensvertrag mit China, Tibet behält dabei noch große Teile Zentralasiens. Die intensive Übersetzungstätigkeit buddhistischer Schriften beginnt. Das Ordenswesen entwickelt sich langsam.

838 - 842 König Langdarma,
der "Böse König", älterer Bruder von Ralpatschan, beendet die "Erste Verbreitung der Lehre". Die Buddhisten werden geächtet, buddhistische Mönche verfolgt, indische Gelehrte aus Tibet vertrieben, die Kultstätten zerstört und Bücher verbrannt. Langdarma wird schließlich von einem buddhistischen Einsiedler in der Kleidung eines Bonpriesters ermordet. Mehr als 1oo Jahre wird die Bon-Religion wieder führend in Tibet.

Der Niedergang des Reiches schreitet fort, die zentralasiatischen Besitzungen (Ostturkestan) gehen verloren. Das Reich zerfällt nach 85o in kleine Fürstentümer. Der Adel herrscht über leibeigene Bauern.

866 Das westtibetische Königreich Guge-Ladakh wird gegründet.

Zweite Verbreitung der Lehre und Entwicklung des theokratischen Staates

9. bis 10. Jh.	Die buddhistischen Klöster gewinnen wieder an Macht.
958 - 1055	Rintschen Tsangpo Rintschen Tsangpo wird vom westtibetischen König nach Kaschmir gesandt, um dort seine buddhistischen Studien zu vertiefen sowie Lehrer und Künstler nach Tibet zu bringen.
978	Nach seiner Rückkehr übersetzt Rintschen Tsangpo 158 Schriften, die später in den Kandschur und im Tandschur aufgenommen werden. Weiter soll er 1o8 Kapellen, Lhakhangs, insbesondere in Westtibet, gegründet haben. Es zählen dazu Lamayuru, Alchi, Mang-gyu, Wanla und Tholing.
958 - 1054	Atisha, indischer Guru, bedeutender Förderer des Buddhismus.
988 - 1069	Siddha Tilopa Guru und Yogi aus Indien, wirkt in Tibet.
1005 - 1064	Dronton, Schüler von Atisha, fördert später außerordentlich die Kadampasekte.
1012 - 1098	Guru Marpa, einer der ersten tibetischen Gurus, Schüler Naropas und von diesem in Indien eingeweiht, begründet die Kagyüpa-Schule, die auf Naropas Lehren aufbaut. Später spalten sich von der Kagyüpa die Drigunpa, Drukpa und Karmapa ab.
1016 - 1100	Siddha Naropa, Guru und Yogi, Schüler von Tilopa.

1027	Beginn des ersten Sechziger Tierzyklus des neuen tibetischen Kalenders mit dem Feuer–Hasen–Jahr.
1040 - 1123	Milarepa, berühmtester tibetischer Yogi, Mystiker und Dichter, Schüler von Marpa.
1042	Atisha kommt auf Einladung des Königs nach Tibet, trifft dort Rintschen Tsangpo und beginnt seine Missionstätigkeit in Zentraltibet.
1050	Atisha hält ein Konzil ab und begründet die Kadampasekte. Seine Reformvorschläge strengerer Ordensdisziplin werden von den tantrischen Sekten, insbesondere der Nyingmapa, den Rotmützen oder Sekte der Alten, nicht akzeptiert. Weitere Pilger gehen als Lotsawas (Übersetzer) nach Indien, um buddhistische Schriften ins Tibetische zu übersetzen.
1054	Atisha stirbt in Netang bei Lhasa
1057	Kloster Reting wird von Dronton gegründet und dient als Zentrum der Kadampa-Schule.
1062	Dronton, Förderer der Kadampa, legt die Regeln dieser Schulrichtung fest, die wichtigsten Teile des Kandschur und Tandschur werden unter Drontons Leitung gesammelt.
1073	Kloster Saskya, das Stammkloster der Saskya-Schule, wird in Südtibet gegründet. Die Saskyapa hält etwa 100 Jahre die Vorherrschaft.
1076	Konzil im Kloster Tabo in Westtibet.
12. Jahrhundert	Die Äbte der großen Klöster stehen ebenbürtig neben den Fürsten.
1079 - 1153	Gampopa wird 1110 Schüler von Milarepa, hat starken Einfluß auf die Kagyüpa.

1110 - 1193	Düsüm Khyenpa, Schüler Gampopas, begründet die Inkarnationslinie der Karmapas innerhalb der Kagyüpaschule.
1120	Kloster Drigung, etwa 120 km nordöstlich von Lhasa, wird gegründet.
1179	Kloster Drigung wird durch Drigung-Rinpotsche ausgebaut. Die Drigunpa hat sich von der Kagyüpa abgespalten.
1182 - 1251	Sapan, Abkürzung für Saskya Pandit, ein Saskyaabt, erhält als Vertreter der Mongolen (Ögedei) mit mongolischen Beamten auch weltliche Macht über Tibet.
1189	Kloster Tsurphu, nordwestlich Lhasas, das Stammkloster der Kagyüpa, wird von Düsüm Khyenpa gegründet.
1204 - 1283	Karmapa Kschi, der zweite Karmapa, geht später unter Kubilai Khan nach China.
1206	Dschingis Khan wird Herrscher der Mongolen
1207	Mongolische Truppen fallen in Tibet ein, dadurch erste Berührung der Mongolen mit dem Buddhismus. Der größere Teil tibetischer Fürsten und Äbte wird von Dschingis Khan unterworfen. Damit üben die Mongolen praktisch die Oberherrschaft über Tibet aus.
1215	Dschingis Khan erobert Peking; das mongolische Reich reicht vom Schwarzen Meer bis zum Pazifischen Ozean.
1252 - 1253	Weiterer Mongoleneinfall.
1254	Marco Polos Geburt (1271 Abreise von Venedig, 1275 Ankunft bei Groß-

khan, genießt Gunst Kubilai Khans, 1299 zurück nach Europa).

Um 1260 — Phagpa,
das Oberhaupt der Saskyapa (1234 - 1279), erhält durch seinen Einfluß bei Kubilai Khan die Herrschaft über Tibet sowie den Titel "Kaiserlicher Lehrmeister" und erreicht, daß der tantrische Buddhismus bei den Yüan-Kaisern begünstigt wird. Phagpa wird damit erstes geistiges und weltliches Oberhaupt Tibets. Die Saskyaäbte begründen damit praktisch die theokratische Regierungsform in Tibet. Die Saskyaäbte gelten als Inkarnationen des Bodhisattva Manjusri.

1290 — Kloster Brigung wird durch die Saskyapa zerstört.

1290 - 1365 — Bütön
stellt endgültig die Übersetzung des Kandschur von 100 oder 108 Bänden ("Wort des Meisters") und Tandschur von 225 Bänden (Kommentare und Nebenwerke) fertig. Die Schule der Be-lugs-pa, auch Bupa, geht auf ihn zurück, wenig Unterschied zu Saskyapa.

Um 1350 — Die Macht der Saskyapa wird eingeschränkt, Aufstieg von Herrschern der weltlichen Pagmotupa–Dynastie, deren erster Herrscher Byan-c'ub rgyal-mts'an ab 1347 über Zentraltibet gebietet. Die weltliche Staatsorganisation wird wieder gefestigt. Mit dem Ende der mongolischen Yüandynastie in Peking ist Tibet völlig unabhängig. Das Mongolenreich zerfällt in Fürstentümer, der Buddhismus geht bei den Mongolen wieder zurück.
In Tibet werden Kettenbrücken über den Tsangpo gebaut. Die Sekten bekämpfen sich untereinander.

1357 - 1416 — Tsongkhapa,
der Mann aus dem Zwiebeltal in Osttibet am Ort des späteren Klosters Kumbum, reformiert die Mönchsdisziplin, gründet die Gelugpasekte, die Sekte der "Tugendhaften", der reformierten Gelbmützen. Rückkehr zum von Buddha gestifteten Orden der Bettelmönche; Zölibat; für

Mönche im Getsulrang 40 Entsagungen, für vollordinierte Mönche, Gelongs, 253 Regeln; Beichtversammlungen; Fasten; Anwendung tantrischer Rituale, aber Unterdrückung schwarzer Magie gehören zu den Ordensregeln. Die Kadampa geht in der Gelugpa auf.

1385 - 1438 Kädubdsche,
Schüler von Tsongkhapa,
Schriftsteller, von 1431 bis 1438 Abt von Galdan, erhält nachträglich den Titel des ersten Pantschen Lama. Der Pantschen Lama, auch Tashilama genannt, wird als Wiedergeburt des Buddha Amitabha angesehen. Welcher Tashilama die Inkarnationsreihe begann, ist nicht genau bekannt.

1391 - 1474 Gedün Trubpa,
Neffe und Lieblingsschüler von Tsongkhapa; Abt von Drepung; ab 1438 Oberhaupt der Gelugpa. Nach seinem Tode wird der "Vollendete Geistliche“ als Wiedergeburt des Bodhisattva Padmapani, mehr bekannt als vier- oder mehrarmiger Avalokiteshvara, tibetisch Tschenrezi, angesehen. Das Inkarnationsprinzip setzt sich fort, die nachfolgenden Oberhäupter der Gelugpa verkörpern Avalokiteshvara, den himmlischen und mitleidvollen Bodhisattva. Gedün Trubpa bekommt rückwirkend den Titel des ersten Dalai Lama zugeschrieben.

1409 Das Kloster Galdan, "Freudenfülle“, cirka 40 km östlich von Lhasa, wird von Tsongkhapa gegründet und wird dessen Residenz.

1414 Das Kloster Drepung, "Reishaufen“, cirka 6 km westlich von Lhasa, wird von Tsongkhapa gegründet.

1417 Kloster Sera, "Hof der wilden Rosen“, wird von Dschamtschen Tschördsche nördlich von Lhasa gegründet.

1429 Kloster Nor wird errichtet.

1437 Kloster Chamdo in Cham (Osttibet) wird von den Gelugpas gegründet.

1438 - 1505	Sonam Tschoglang wird der erste Abt von Tashi Lhunpo und erhält, ebenfalls später, den Titel des 2. Pantschen Lama oder Pantschen Rinpotsche, "Kostbares Lehrerjuwel".
1447	Kloster Tashi Lhunpo, "Segenspendender Weltberg", wird von Gedün Trubpa in der Nähe von Schigatse, der Hauptstadt Tsangs, als Dank für seinen Lehrer Ses-rab-Sen-ge, dessen Schädelschale im Kopf der bedeutendsten Buddhastatue des Klosters eingearbeitet ist, gegründet.
1476 - 1542	Gedün Gyatso Nachfolger von Gedün Trubpa, erhält nachträglich den Titel des zweiten Dalai Lama und ernennt weitere Wiedergeburten. Die Kämpfe zwischen Sekten und Klöstern werden fortgeführt.
Um 1480	Unter fortlaufenden inneren Unruhen und Kämpfen zwischen Klöstern und Sekten schwächt sich die Pagmotupadynastie, dafür steigt der Einfluß der Ringpungfürsten und ab Mitte des 16. Jahrhunderts auch der der südtibetischen Könige von Tsang.
1543 - 1587	Sonam Gyatso, Nachfolger von Gedün Gyatso, erhält vom Mongolenfürsten Altan Khan 1578 den mongolischen Titel Dalai Lama, "Großer Ozean", "Donnerkeiltragender Weltmeerpriester". Dieser Dalai Lama wird später als 3. Dalai Lama angesehen. Die Mongolen werden endgültig zum Buddhismus bekehrt.
1556 - 1605	Moghulkaiser Akbar in Nordindien. Er erobert Baltistan und Ladakh.
1569 - 1662	Lobsang Chosgyal Gyatso erhält vom 5. Dalai Lama die Würde des Pantschen Lama und wird als 4. Pantschen Lama angesehen. Er residiert in Tashi Lhunpo.
1589 - 1617	Yontan Gyatso, 4. Dalai Lama aus der Familie des Altan Khan,setzt den Maidari-Chutuktu ein, dessen Sitz später Urga (Chalchamongolen) wird.

Um 1600	König Tsangpa herrscht über Südtibet (Tsang) mit der Hauptstadt Schigatse. Der König ist Saskyaanhänger und bekämpft die Gelugpas. Er wird vom Oiratenfürst Gusri Khan besiegt, eingekerkert und später im Tsangpo ertränkt.
1600 - 1645	Senge Namgyal erobert Ladakh nach Mohammedanereinfall zurück. Aufblühen der Drukpasekte in Ladakh.
Um 1605	Das Rotmützenkloster Hemis und der Palast in Leh in Westtibet werden gegründet.

Der "Große Fünfte"
Beginn des tibetischen Kirchenstaates

1617 - ca. 1680	5. Dalai Lama, Nawang Lobsang Gyatso, der "Edle Weise, beredte Mächtige, furchtlose Ozeanpriester", der "Große Fünfte" Dalai Lama, begründet die Theokratie der Gelben Kirche.
1636	Gusri Khan, mongolischer Oiratenfürst, kommt den noch stark von allen Seiten bedrängten Gelugpas zu Hilfe, indem er 1636 Nairan Tachu Chagan, einen erbitterten Gelugpagegner, in der Umgebung des Kuku Nor – Sees im Norden besiegt, 1640 Berikhan, der in Osttibet die alte Bonreligion weiter hochhielt, unterwirft und schließlich 1641 König Tsangpa besiegt. Nachdem Gusri Khan die Gegner der Gelugpa in ganz Tibet bezwungen hat, ruft er sich zum König aus, übergibt jedoch die Macht dem Dalai Lama, so daß der 5. Dalai Lama damit neben der geistlichen auch die weltliche Macht über Tibet erhält. Seinen greisen Lehrer Lobsang Chosgyal Gyatso ernennt der 5. Dalai Lama zum Pantschen Lama mit Sitz in Tashi Lhunpo. Dieser Pantschen Lama wird später als der 4. Pantschen Lama gezählt, 3 weitere vor ihm, beginnend mit Kädubdsche, dem ersten Nachfolger Tsongkhapas, erhalten die Würde nachträglich.

1640	Die Bekehrung der Inneren und Äußeren Mongolei zum Buddhismus ist abgeschlossen.
1643	Beginn des Baues des Potala.
1650	Der Dalai Lama und Pantschen Lama übersenden dem Mandschukaiser Schuntschi nach dessen Sieg über die Ming-Dynastie Glückwünsche und ersuchen um Erneuerung der ihnen von den Ming verliehenen Privilegien. Beide werden daraufhin nach Peking eingeladen. Der Pantschen Lama kann jedoch wegen seines hohen Alters (80) nicht mehr reisen. Der Dalai Lama dagegen reist von 1650 bis 1653 nach Peking und wird hoch geehrt. Zahlreiche Rotmützenklöster werden um diese Zeit zu Gelugpaklöstern umgewandelt.
1661	Der Rote Palast des Potala ist fertiggestellt. Johann Grueber Der Linzer Jesuitenpater Johann Grueber hält sich 2 Monate in Lhasa auf.
1663	In Tibet bestehen 750 Gelugpaklöster mit 50900 Mönchen.
1663 - 1737	5. Pantschen Lama, Pan–c'en Blo-bzang ye-ses.
Um 1680	Der Tod des "Großen Fünften" wird mehrere Jahre verheimlicht. Ein noch von ihm benannter Regent führt in seinem Namen die Regierung.
1683 - 1706	6. Dalai Lama, Lobsang Tsangdschung Gyatso, aus einer Rotmützenfamilie, 1697 inthronisiert, führt einen anstößigen Lebenswandel und wird 1706 ermordet.
1697	Der Mongolenfürst Lhabzang Khan erobert große Teile Tibets einschließlich Lhasa und erhält den Titel eines tibetischen Königs. Damit beginnt der Einfluß und die Oberherrschaft der Mandschudynastie in Tibet.
1708 - 1758	7. Dalai Lama, Lobsang Kalsang Gyatso, großer Schriftsteller; wird 1751 ausdrücklich als Oberhaupt Tibets anerkannt, dies aber unter chinesischer Kontrolle.

1710	Kloster Labrang in Amdo wird gegründet.
1717	Ein Dsungarenheer fällt in Tibet ein und dringt bis Lhasa vor. Schwere Zerstörungen erleiden dabei die Tempel.

Oberherrschaft der Mandschukaiser

1720	Kaiser Kanghsi vertreibt mit seinen Truppen die Dsungaren, übernimmt die Oberhoheit in Tibet, läßt die Tempel wieder aufbauen und schmücken, die Tempeldächer vergolden, aber auch die Stadtmauer von Lhasa schleifen. Der Potala wird fertiggestellt. Die Kontrolle der tibetischen Regierung wird durch chinesische Beamte wahrgenommen.
1728	Ein Bürgerkrieg in Tibet wird von den Chinesen beigelegt, danach der tibetische Staatsrat neu organisiert und zwei chinesische Zivilbeamte, die Ambane, eingesetzt. Die Macht der Dalai Lamas wird eingeschränkt.
1737 - 1780	6. Pantschen Lama, Pan–c'en Blo–bzang dPal–ldan ye–ses, stirbt 1780 bei einem Besuch in Peking.
1740	Phola Sonam Tobgye erhält von den Mandschus den Titel des tibetischen Königs.
1750	Der Nachfolger Pholas wird von den Ambanen ermordet, danach folgt Vergeltung durch Mord aller Chinesen in Lhasa. Chinesische Truppen stellen die Ruhe wieder her, rücken dabei aber bis zur Grenze nach Indien vor. Damit wächst der Einfluß Chinas in Tibet beträchtlich. Tibet wird noch stärker nach außen abgesperrt. Die Regierungsgewalt wird neu organisiert, das Königtum abgeschafft. Der Dalai Lama erhält wieder die Macht in Tibet. Neu eingeführt werden ein Kabinett (Kashag) und das Amt des Regenten, der jeweils bis zur Volljährigkeit der Dalai Lamas stellver-

	tretend regieren soll. Die Regenten regieren aber insbesondere durch Ermodung der Dalai Lamas selbst weiter.
1757	Die Westmongolen (Dsungaren) werden endgültig von China besiegt und unterworfen.
1759 - 1804	8. Dalai Lama, Lobsang Dschampal Gyatso.
1775	George Bogle Die englische Gesandtschaft unter George Bogle, von Warren Hastings beauftragt, erreicht Tashi Lhunpo und wird vom Pantschen Lama empfangen.
1781 - 1852	7. Pantschen Lama, Pan'c en bstan-pai rgy-ma
1783	Samuel Turner besucht Tashi Lhunpo.
1792	Nepalesische Heere fallen in Tibet ein, werden aber von tibetischen und chinesischen Truppen zurückgedrängt.
1793	Tibet ist praktisch Provinz Chinas geworden, der chinesische Einfluß reicht soweit, daß der Kaiser verfügen kann, daß die Auffindung der hohen Inkarnationen wie Dalai Lama und Pantschen Lama durch Auslosung zu erfolgen habe.
1805 - 1815	9. Dalai Lama, Lobsang Lugtog Gyatso, wird 1815, lange vor seiner Volljährigkeit, vom Regenten erdrosselt.
1811	Thomas Manning wirkt als Arzt in Lhasa.
1817 - 1838	10. Dalai Lama, Lobsang Tsulthim Gyatso wird 1838 durch Einsturz seines Schlafzimmers vom Regenten ermordet.
1838 - 1855	11. Dalai Lama, Lobsang Gemu Gyatso
1841	Mohammedanische Dogras fallen in Ladakh ein, werden

	aber von Tibetern wieder vertrieben. Die Chinesen können ihre Oberhoheit über Tibet wegen des englisch-chinesischen Krieges nicht mehr ausüben.
1844	Der Regent wird verbannt.
1853 - 1882	8. Pantschen Lama, Pan–c'en dPal–ldan c'os–kyi grags–pa
1856 - 1875	12. Dalai Lama, Nawang Lobsang Thinla Gyatso wird 1875 vom Regenten vergiftet.
1856	Handelsvertrag zwischen Tibet und Nepal nach erneutem Einfall der Gurkhas.
1863	Die Engländer beginnen topografische und ethnografische Forschungen in Tibet mittels indischer Pandits, die in Tibet einreisen dürfen.
1876 - 1933	13. Dalai Lama, Nawang Lobsang Thubten Gyatso
1883 - 1937	9. Pantschen Lama, Pan–c'en dGe–legs rNam–rgyal
1886	Tibetische Truppen fallen in Sikkim ein.
1888	Schlacht zwischen Engländern und Tibetern in Sikkim.
189o	Vertrag von Darjeeling bringt Handelserleichterungen, China respektiert die Oberherrschaft der Briten über Sikkim

Tibet erreicht wieder Unabhängigkeit

1894	Der Regent wird in einem Staatsstreich abgesetzt, der 13. Dalai Lama übernimmt die Regierungsgewalt, die chinesischen Ambane werden machtlos.
4.8.19o4	Die bewaffnete Gesandtschaft der Briten unter Oberst

	Younghusband erreicht Lhasa. Der 13. Dalai Lama flieht zunächst nach Urga, das heutige Ulan Bator in der Mongolei, und reist später auf Einladung der chinesischen Regierung nach Peking, um über das chinesisch-tibetische Verhältnis zu sprechen.
7.9. 1904	Vertrag zwischen Großbritannien und Tibet, in Abwesenheit des Dalai Lama im Potala abgeschlossen, der die Grenzen zwischen Sikkim und Tibet festlegt und es den Engländern erlaubt, in Gyantse, Gartok und Yatung Handelsagenturen einzurichten.
1906	Anglo-chinesischer Vertrag, in welchem Großbritannien praktisch die Oberhoheit Chinas über Tibet anerkennt.
1907	Anglo-Russischer Vertrag, in welchem Rußland Großbritannien als einzige Schutzmacht des autonomen Tibet anerkennt.
1908	Tod des chinesischen Kaisers Kuang Hsu und der Kaiserin. Der Dalai Lama, der sich noch in Peking aufhält, zelebriert die Totenrituale.
1909	Rückkehr des Dalai Lama nach Lhasa.
1910	Die kaiserliche Armee besetzt Lhasa, darauf flieht der Dalai Lama nach Indien. China erklärt den Dalai Lama für abgesetzt und inthronisiert statt dessen den Pantschen Lama.
1911	Die chinesischen Truppen beginnen Tibet zu räumen.
1912	In China bricht die Revolution aus. Der Dalai Lama kehrt zuerst nach Kalimpong zurück.
1913	Der Dalai Lama residiert wieder in Lhasa. Auf der Simla-Konferenz soll ein Vertrag zwischen China, Tibet und den Briten die Autonomie Tibets unter chinesischer Oberhoheit festigen. Da China nicht unterzeichnet, erkennen Tibet und England die Oberhoheit nicht an. Teile Osttibets fallen jedoch unter chinesische Obhut. In Tibet herrscht der

Dalai Lama nun unabhängig über den theokratischen Feudal- und Priesterstaat. Cirka 24o Adelsfamilien sind darin mit besonderen Privilegien ausgestattet. Trotz des Vertrags von Silma und weiterer Verträge gibt es des öfteren Kämpfe zwischen China und Tibet.

1918 Nach Grenzzwischenfall wird festgelegt, daß die Grenze des von Lhasa regierten Tibet im Osten der Jangtse ist (Lokalregierung in Tschamdo), das Gebiet östlich vom Jangtse bis Kanting wird als entmilitarisierte Zone unter chinesischer Oberhoheit unabhängig. Kham, der östliche Teil Tibets, ist damit praktisch geteilt.

1924 Der Pantschen Lama verläßt Tibet nach einem Zerwürfnis mit dem Dalai Lama und wirkt als Großlama in China.

1927 Erstes Auto in Lhasa. Es mußte, in Einzelteile zerteilt, über die Berge getragen werden.

1932 Ostkham wird nach chinesischem Sieg in einem Grenzkrieg zwei chinesischen Provinzen: Szetschuan und Tsinghai zugeschlagen.

17.12.1933 Tod des 13.Dalai Lama. Als Regent wird der Reting Rinpotsche gewählt.

Jan. 1934 Zu den Trauerfeierlichkeiten sendet Tschiang Kai Scheck eine Gesandtschaft, die, mit einem Funkgerät ausgerüstet, unter Führung von General Hwang Musung als Mission im Lande bleibt. Weiter haben Großbritannien, Nepal, Kaschmir, Bhutan und Sikkim Missionen in Tibet.

Herbst 1934 In China beginnt der "Lange Marsch" unter Mao Zedong.

6.6.1935 14. Dalai Lama, Nawang Lobsang Tenzing Gyatso, "Ehrwürdiger beredter Weiser, die Lehre hochhaltender Ozeanpriester", in der Provinz Amdo, 4o Kilometer südöstlich des Klosters Kumbum geboren. Eine große Suchexpedition entdeckt ihn 1938 als neue Inkarnation des Dalai Lama und bringt ihn 1939 nach Zahlung eines Lösegeldes

	von 13o ooo Dollar an den Gouverneur von Tsinghai, Ma Pu-feng, nach Zentraltibet.
Sommer 1937	Der 9. Pantschen Lama kehrt nach Tibet zurück, stirbt aber auf dem Weg nach Lhasa in Jekundo.
1938	1o. Pantschen Lama (Pan-c'en Blo-bzang P'rin-las-lhun grub C'os-kyi-rgyal-mts'an) geboren; er wird erst 1944 als Inkarnation eingesetzt.
1939	Ernst Schäfer erreicht als erster Deutscher Lhasa und wird vom Regenten empfangen.
7.1o.1939	Der junge Dalai Lama zieht in Lhasa ein.
Febr. 194o	Der 14.Dalai Lama wird mit 5 Jahren inthronisiert.
1941	Der Taktra Rinpontsche wird als Regent gewählt.
1942	Eine alliierte Gesandtschaft unter Ilja Tolstoy verhandelt in Lhasa.
April 1944 - März 1951	Heinrich Harrer und Peter Aufschnaiter in Tibet, ab Januar 1946 bis November 195o in Lhasa.
13.4.1947	Der Reting Rinpotsche wird wegen des Verdachts eines Bombenattentats verhaftet und stirbt kurz darauf im Gefängnis.
16.4.1947	Die Mönche von Reting und Sera revoltieren gegen das Feudalsystem, das sich ständig mehr ausgeprägt hat. Den etwa 24o adligen Familien gehören 7o Prozent des nutzbaren Landes, der Rest zum großen Teil den Klöstern. Die Bauern sind vollkommen abhängig, nur die Nomaden der Yangtang sind weitgehend frei. Das Leben der reichen Familien besteht aus Vergnügungen sowie kirchlichen wie weltlichen Festen. Das Volk ist dennoch nicht unglücklich,

	sondern heiter und gelassen. Der Aufstand wird vom tibetischen Militär unterdrückt.
1.1o.1949	Mao Zedong Ausrufung der Volksrepublik China. Mao Zedong übernimmt die Macht. Er bezeichnet die Befreiung Tibets als vordringliches Ziel. Tibet weist die nationalchinesische Vertretung aus dem Land.
26.1.195o	Das unabhängige Indien wird proklamiert.
7.1o.195o	Die chinesische Volksbefreiungsarmee beginnt auf Befehl Mao Zedongs und Verteidigungsminister Lin Piao ihren Einmarsch in Tibet, nachdem vorher bereits Ostkham, die seit 1918 "entmilitarisierte Zone" zwischen Kanting und Jangste besetzt worden war.
17.11.195o	Der 14. Dalai Lama übernimmt fünfzehnjährig die Regierungsgewalt.
19.12.195o	Der Dalai Lama begibt sich mit großem Gefolge in das Chumbital.
April 1951	Der Pantschen Lama kommt auf Einladung von Tschou En-Lai nach Peking. Mao Zedong unterstreicht die Absicht "Tibet in die große Völkerfamilie zurückzuholen" und wird darin vom Pantschen Lama bestärkt.

Tibet wird autonome Region der Volksrepublik China

23.5.1951	In Peking wird das "17-Punkte-Abkommen", das "Abkommen der Zentralregierung der Volksrepublik China und der lokalen tibetischen Regierung zur friedlichen Befreiung Tibets" unterzeichnet.
August 1951	Der Dalai Lama kehrt nach Lhasa, kurz darauf, im Februar 1952, der Pantschen Lama nach Tashi Lhunpo zurück.

9.9.1951	Die Volksbefreiungsarmee marschiert in Lhasa ein. Tibet protestiert in Indien, Großbritannien, Amerika und bei der UN erfolglos gegen den Einmarsch der Chinesen.
November 1951	Die erste Poliklinik wird in Lhasa eingerichtet.
Herbst 1951	Gründung der ersten Grundschule in Lhasa, zunächst 3oo Schüler, bis 1955 über 1ooo Schüler.
September 1952	Ein modernes Krankenhaus wird in Lhasa eröffnet.
1954	Chinesisch-indisches Abkommen, in welchem Tibet als Teil Chinas ausgewiesen wird.
August 1954	Der Dalai Lama und der Pantschen Lama reisen zur Feier des fünfjährigen Bestehens der Volksrepublik nach Peking und treffen dort mit Mao Zedong, Nehru und U Nu zusammen.
2o.8.1954	Im südlichen Kham beginnt die Revolte der Khampas gegen die Chinesen.
27.11.1954	Die erste Straßenverbindung zwischen China und Tibet, die Szetschuan-Tibet-Straße, 2225 km lang, über Kanting, Litang und Tschamdo wird fertiggestellt. Kurz darauf steht auch die zweite Verbindung, die Tsinghai-Tibet-Straße mit 2100 km Länge zwischen Sining und Lhasa,dem Verkehr zur Verfügung.
April 1955	Dalai Lama und Pantschen Lama kehren nach Tibet zurück.
1955/56	Kanting-Rebellion in Chamdo
1956	Ausbau der Straße Lhasa - Schigatse
1956	Dalai Lama und Pantschen Lama besuchen Delhi aus Anlaß des 2500-jährigen Buddhajubiläums und treffen mit Nehru und Tschou En-Lai zusammen.
	Ein vorbereitendes Komitee zur Errichtung der autonomen

	Region Tibet wird eingerichtet.
1957	Chinesen besetzen ein Gebiet im Aksai-Chin in Nordost-Ladakh und bauen die Tibet-Sinkiangstraße durch dieses Gebiet.
1o.3.1959	Die Rebellion erreicht ihren Höhepunkt und ergreift auch die Hauptstadt Lhasa. Einige reguläre tibetische Regimenter meutern.
17.3.1959	Der Dalai Lama, seine Mutter und Schwester sowie der jüngere Bruder verlassen unter dem Schutz von Khampas Lhasa und begeben sich nach Loka.
18. - 22.3.1959	Offener Aufstand in Lhasa, der am 4. Tage von den chinesischen Truppen niedergeschlagen wird.
26.3.1959	Der Dalai Lama bildet in Lhuntse eine provisorische Regierung (Exilregierung).
28.3.1959	Tschou En-Lai löst die tibetische Regierung in Lhasa auf, eine neue Regierung wird unter dem früheren Minister Ngabo gebildet. Den Regierungsvorsitz erhält der Pantschen Lama. Tibet wird in 5 Bezirke und die Munyzipalität Lhasa eingeteilt.
29.3.1959	Der Dalai Lama erreicht die indische Grenze und trifft am 16.4. in Tespur in Assam ein.
196o	Die bewaffneten Aufstände in TIbet dauern bis in die Siebziger Jahre an.
31.12.1964	Der Pantschen Lama wird als Vorsitzender des Verwaltungsausschusses in Tibet abgesetzt, an seine Stelle tritt Ngabo Nawang Dschigme. Der Pantschen Lama begibt sich nach Peking und erhält dort eine Staatspension.
9.9.1965	Tibet wird zur autonomen Region Chinas erklärt.
197o	Beginn der "Sozialistischen Umgestaltung von Landwirt-

	schaft und Viehzucht". Die Dorfbewohner und Nomadenstämme werden in landwirtschaftliche Volkskommunen umgruppiert.
1975	Die Einrichtung der Volkskommunen wird abgeschlossen.
27.5.1975	Chinesische Bergsteiger erreichen den Gipfel des Mt. Everest.
1978	Der 1o. Pantschen Lama wird Mitglied der chinesischen Konsultativkonferenz in Peking.
März 1979	Die letzten Teilnehmer der Revolte in Lhasa 1959 werden aus dem Gefängnis entlassen.
1979	Eine Gruppe von Pressevertretern aus aller Welt und eine Delegation des Dalai Lama unter Führung von dessen Bruder Lobsang Samten dürfen Tibet besuchen.
198o	Weitere Delegationen des Dalai Lama besuchen Tibet. Die Delegationsmitglieder berichten über Armut und Unzufriedenheit.
	Erste kleine Touristengruppen dürfen nach Tibet einreisen.
22. - 31.5. 1980	Hu Yaobang führt eine Delegation des Zentralkomitees auf einer Inspektionsreise durch Tibet. Von der Parteiführung Chinas werden Sofortmaßnahmen zur Verbesserung des Lebensstandards in Tibet beschlossen.
2o.6.198o	Die lokale Regierung Tibets gibt in Befolgung des Beschlusses der Zentralregierung 8 Maßnahmen, wie Steuerfreiheit für zwei Jahre und weiterreichende Selbstverwaltung, bekannt, die den wirtschaftlichen Schwierigkeiten in Tibet entgegenwirken sollen.
Sept. 1980	Der Pantschen Lama wird auf der 3. Tagung des V. Nationalen Volkskongresses der Volksrepublik China (30.8.80 bis 10.9.80) zum Stellvertretenden Vorsitzenden des Nationalen Volkskongresses gewählt, in dieser Funktion ist er

Hauptzuständiger für Minderheitenpolitik.

Nov. 1980 Der Dalai Lama erklärt in verschiedenen Presseverlautbarungen, daß er zu seinem Volk nach Tibet grundsätzlich zurückzukehren wünsche, auf Grund der jetzigen Situation in Tibet jedoch keine Möglichkeiten für eine baldige Rückkehr sehe.

Anmerkungen • Bildnachweis

1. Schäfer, Ernst: in: Tibet, Dokumente zur Entdeckungsgeschichte, S. 13
2. Schäfer, Ernst: a.a.O.S. 15
3. Vgl.: Blechsteiner, Robert: Die Gelbe Kirche, S. 19
4. David-Neel, Alexandra: Heilige und Hexer, S. 33
5. Vgl.: Olschlag, Blanche C.: Mystik und Kunst Alttibets, S. 106
6. Vgl.: Pengfei, Yu und Shuande, Li: Die tibetische Medizin in: China im Bild 5, 1980
7. Bleichsteiner, Robert: a.a.O. S. 41-42
8. Bleichsteiner, Robert: a.a.O. S. 47
9. Bleichsteiner, Robert: a.a.O. S. 129
10. Govinda, Lama Anagarika: Der Weg der weißen Wolken, S. 184
11. Vgl.: Gordon, Antoinette K.: The Iconography of Tibetan Lamaism, S. 12ff
12. Vgl.:Tucci, Giuseppe: Tibet, S. 115ff
13. Über das Staatsorakel wird hier mehr ausgeführt, als seiner Bedeutung zukommt, um an diesem Beispiel zu zeigen, daß viele ins Metaphysische reichende Praktiken in Tibet nicht, wie teilweise in oberflächlicher Literatur vermutet, auf Spuk und Aberglauben basieren, sondern auf hohen intellektuellen Fähigkeiten im Ausschöpfen geistiger Kräfte sowie der Bewußtseinserweiterung bzw. Veränderung. Die psychiatrisch-neurologischen Aspekte des Phänomens der tibetischen Orakelpriester hat Günter Schüttler anläßlich mehrmonatiger Feldforschung medizinisch untersucht und dabei insbesondere die Methoden, mit denen der Trancezustand erreicht wird, feststellen und analysieren können. Der Schlußsatz des Naturwissenschaftlers zeigt die Grenzen des rational Nachvollziehbaren:"...wird stets ein ungeklärter Rest zurückbleiben. Der Wissenschaftler hat das Erforschbare affektfrei dem Dunkel zu entreißen. Doch soll er das Unerforschliche getrost verehren".
14. Pott, Pieter H.: in: Burma, Korea, Tibet, aus der Reihe Kunst der Welt, S. 199-200
15. Pott, Pieter H.: a.a.O. S. 192
16. Vgl.: Pott, Pieter H.: a.a.O. S. 187-194
17. Vgl.: Bleichsteiner, Robert: a.a.O. S. 251-252
18. Bleichsteiner, Robert: a.a.O. S. 253
19. Herrmanns, Matthias: Mythen und Mysterien der Tibeter, S. 142
20. Schäfer, Ernst: a.a.O. S. 91
21. Schulemann, Günther: Geschichte der Dalai Lamas, S. 444f.
22. Dalai Lama: Mein Leben und mein Volk, S. 364f.
23. Verfassung der Volksrepublik China von 1978, in: Dokumente der 1. Tagung des V. Nationalen Volkskongresses der Volksrepublik China
24. Han Suyin: Chinas Sonne über Lhasa, S. 152
25. Han Suyin: a.a.O. S. 191
26. Schier, Peter: Pekings neue Politik für Tibet, in: China aktuell, Juni 1980, S. 481
27. Vgl.: Schier, Peter: a.a.O. S. 481ff

Nachweis der Illustrationen:

Die Karte sowie die Fotos und Repros stellten freundlicherweise zur Verfügung bzw. fertigten:

Archiv Peking-Rundschau: S. 18, 21, 31, 99, 130 u. 154;
Henss, Michael: S. 92;
Meckes, Hjalmar: Repros S.47, 68 u. 104;
Prieß, Heinz: Umschlagseite rechts;
Seitz-Gray, Ursula: S. 57, 81, 85, 86, 90, 111, 114, 118, 122 u. 124;
Han Suyin: Chinas Sonne über Lhasa, Scherz-Verlag S. 2: S. 14/15.

Alle weiteren Fotos, Kartenskizze einschließlich Umschlagfoto von Wendelgard und Manfred Gerner.

VIII.

Reisen in Tibet

1980 wurde Tibet erstmals für kleinere Reisegruppen geöffnet. Die Teilnehmerzahlen bewegten sich von 6 bis 28. Trotz Reisekosten zwischen 9000.-- und 13000.-- DM für die dreiwöchigen Reisen war der Andrang auf die wenigen Plätze groß.

Die Gruppenreisen werden von dem staatlichen chinesischen Reisebüro Lüxingshe in Verbindung mit ausländischen Reiseunternehmen geplant und durchgeführt. Die Programme sehen jeweils 3 -8 Tage Tibet vor, dazu etwa 8 - 12 Tage im chinesischen "Inland", wobei meist die Städte Peking, Tschengdu, Kunming und Kanton (Guangzhou) angeflogen werden.

Nach Tibet wird von Tschengdu, der Hauptstadt Szetschuans aus gestartet und zwar derzeit mit viermotorigen Propellermaschinen, die für den Flug bis nach Gungkhar etwa 2 Stunden benötigen. Die 108 Kilometer vom Flughafen Gungkhar im Tsangpotal werden auf einer Schotterstraße in zwei weiteren Stunden bewältigt.

In Tibet wird ein ausführliches Besichtigungsprogramm in der Hauptstadt Lhasa und Umgebung durchgeführt. So werden u.a. gezeigt: Die Altstadt mit dem Barkhor, der Jokhang, Potala, Norbulingkha, das tibetische Krankenhaus und eine Teppichknüpferei sowie die Klöster Drepung und Sera. Bei den längeren Aufenthalten in Tibet ist – oft fakultativ – die Möglichkeit zu einem Ausflug in die Täler nördlich Lhasas und im günstigsten Falle ein Dreitagetrip über Gyantse nach Schigatse, insbesondere zur Besichtigung von Tashi Lhunpo, enthalten. Die zur Besichtigung vorgesehenen Tempel, Klöster und Residenzen sind in den letzten Jahren aufs Beste restauriert worden. Von den Reisenden wird jedoch deutlich vermerkt, daß das religiöse Leben keinem Vergleich z.B. mit Ladakh standhält.

Schwierigstes Problem einer Reise nach Tibet ist die Höhenanpassung. Der in zwei Stunden mit dem Flugzeug bewältigte Höhenunterschied zwischen Tschengdu und Gungkhar beträgt über 3300 m, von 400 m über NN auf 37oo m. Herz und Kreislauf müssen deshalb für eine Reise nach Tibet in Ordnung sein. Von chinesischer Seite wird aus diesem Grund auch vor Reisebeginn ein Gesundheitszeugnis verlangt, das die Herz- und Kreislaufwerte ausweist. Bei fast allen Reisenden kommt es trotzdem zu kleineren Beschwerden wie Kopfschmerzen, die aber medikamentös behandelt werden können und nach

Abb. rechts:
Touristengruppe in der Teppichknüpferei Lhasas.

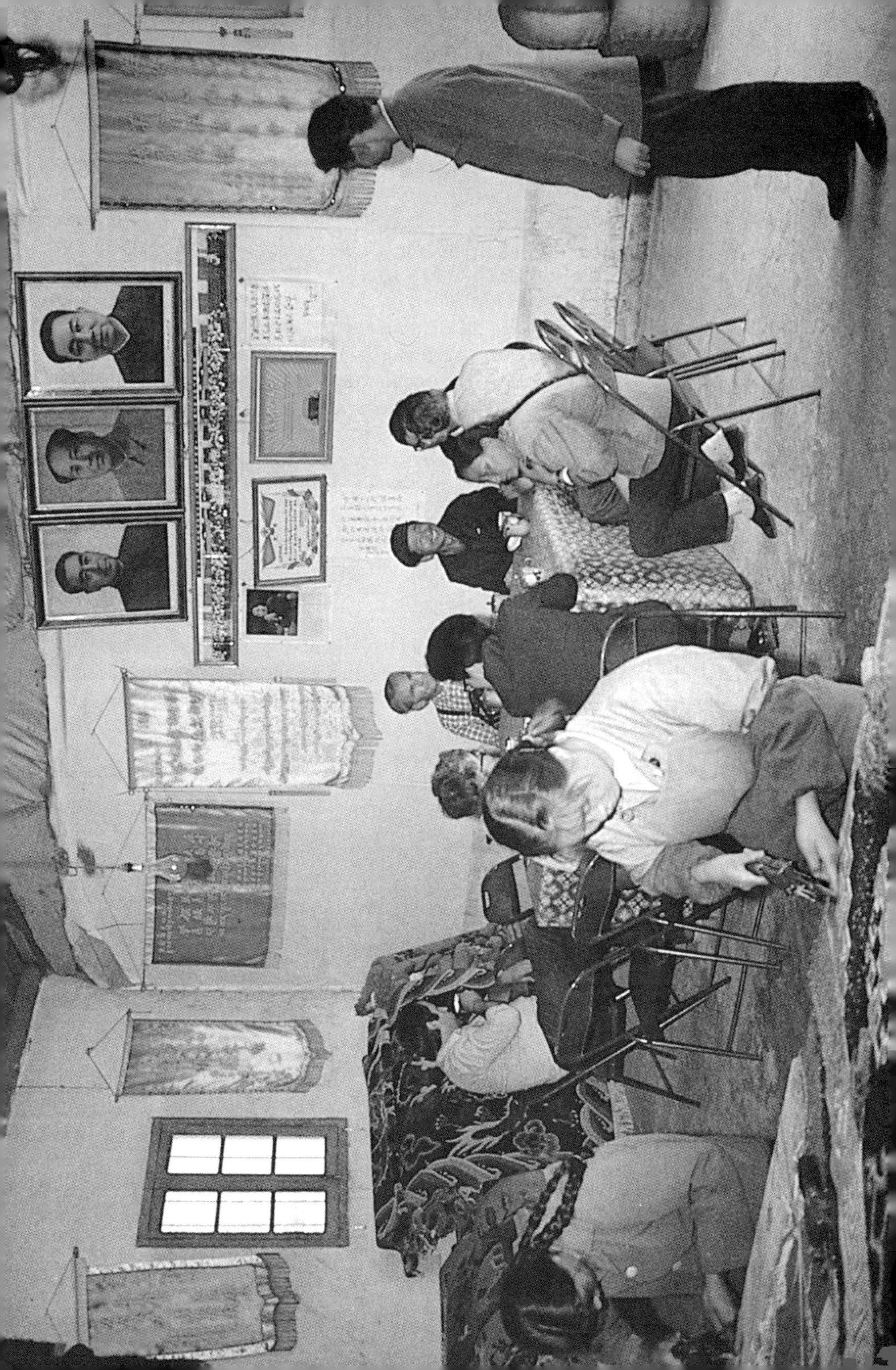

einigen Tagen meist abflauen. Um den Organismus nicht noch zusätzlich zu beanspruchen, sollte man nicht rennen oder sich anderweitig körperlich anstrengen. Zur Erstbehandlung und Hilfe bei eventuell auftretenden Symptomen von Höhenkrankheit, wie Sauerstoffmangel, stehen auch im Hotel Sauerstoffkissen bereit, die einfach zu handhaben sind.

Die Hotelkapazitäten sind höher als allgemein angenommen. Neben dem alten Hotel am Rande der Altstadt von Lhasa wurde 198o ein Touristencamp, etwas außerhalb der Stadt mit geräumigen eingeschossigen Bungalows in Betrieb genommen, die für tibetische Verhältnisse äußerst komfortabel - auch mit Bad und Dusche — ausgestattet sind. Auch im Grenzort nach Nepal, in Zhan Koulan am Arniko-Highway, ist 1980 ein klimatisiertes 50-Zimmer-Hotel eingeweiht worden, das in den Normalprogrammen allerdings nicht enthalten ist.

Die Mahlzeiten sind ähnlich denen im "Inland", wobei die Gerichte aus Szetschuan und Jünnan überwiegen, aber auch tibetische Kost, wie Momo und Tukpa, wird gereicht.

Das Klima ist in den Monaten Juni bis Mitte September gleich oder geringfügig kühler als in Mitteleuropa. Der Niederschlag beträgt in dieser Zeit etwa 1oo mm bei durchschnittlich 9 Tagen mit Niederschlägen pro Monat. In den Monaten April, Mai, zweite Hälfte September, Oktober und November ist es erheblich kühler, besonders im November kann die Temperatur auch tagsüber unter Null Grad Celsius sinken und nachts bis etwa Minus 1o Grad erreichen. Gerade wegen des im südlichen China in dieser Zeit noch wärmeren Wetters sollte man die Kleidung entsprechend den tiefen Temperaturen wählen.

Das Glossar tibetischer Begriffe und Ortsnamen aufzustellen hat sich als mühsames Unterfangen erwiesen, da die tibetische Sprache sich sehr bildhafter Ausdrücke bedient und es für viele tibetische Begriffe keine exakt entsprechenden Begriffe im Deutschen gibt. Zum anderen werden eine Reihe von Buchstaben in Tibet anders als in unserer Sprache ausgesprochen und selbst in der klassischen Primärliteratur werden für einen Laut verschiedene Lautschriften gebraucht. Insgesamt sind in der Literatur über Tibet sowohl Umschrift als auch Lautschrift in den Texten vertreten.

Um ein leichtes Auffinden der Begriffe nach unserem Alphabet zu erreichen, werden in ungewöhnlicher Weise die Begriffe in Lautschrift vorangestellt, es folgt in Klammer die Umschrift des Tibetischen und dann die Erläuterung. Wird der Begriff oft im Sanskrit gebraucht, so wird das Sanskritwort angehängt. Da viele tibetische Gegenstände in der Literatur mehr mit Sanskritbegriffen dargestellt werden, werden jene, ebenfalls alphabetisch als Stichwort eingereiht, jeweils mit skr. gezeichnet und tragen einen Verweis zum tibetischen Begriff.

Auf alle Lautzeichen wurde aus drucktechnischen Gründen verzichtet. Da im Glossar alle wesentlichen Begriffe erklärt werden, konnte ein Register entfallen.

Glossar

A

Adibuddha, skr.		: Urbuddha
Akshobya, skr.		: "Der Unerschütterliche", Dhyanibuddha
Amdo	(a-mdo)	: früher tibetische Provinz im Nordosten, am Oberlauf des Hwangho, gehört heute zur chinesischen Provinz Tsinghai
Amitabha, skr.		: s. Öpame, Dhyanibuddha
Amitayus. skr.		: s. Tschepame, Buddha des "grenzenlosen Lebens"
Arhat, skr.		: Heiliger
Asura, skr.		: s. Lhamayin, Titanen
Atisha		: Indischer Lehrer (958 - 1054)
Avalokiteshvara, skr.		: s. Tschenresi, Bodhisattva

B

Balpo, Balyul	(Bal-po, Bal-yul)	: Nepal
Barkhor	(Bar-'khor)	: innerer Ritualweg in Lhasa

Bardo	(Bar-do)	: wörtl. "Zwischenzustand", die Zeit zwischen Tod und Wiedergeburt
Batang		: größere Stadt in Kham, heute Szetschuan
Begste		: Kriegsgott (Tschamsrin)
Bhrikuti		: Nepalesische Gemahlin des Königs Srongtsan Gampo
Bhumis'parsa mudra, skr.		: Geste der Erdberührung
Bhutan		: Land der Bhothias
Bodhisattva, skr.		: Wesen, das erleuchtet ist, aber auf die Buddhaschaft verzichtet, bis alle Lebewesen erlöst sind
Bodpa	(Bod-pa)	: Tibeter
Böjul	(Bod-yul)	: Tibet
Bon		: vorbuddhistische Religion Tibets, in Spuren noch bis heute vorhanden
Bütön	(Bu-ston)	: Gründer der Be-lugs-pa (1290–1365), stellte endgültige Übersetzung von Kandschur und Tandschur fertig
Bultog	(Bul-tog)	: Soda (für die Butterteezubereitung)
Bumpa	(Bum-pa)	: Weihwassergefäß, das dritte der acht Glückszeichen
Burang	(Bu-rang)	: Gebiet in Westtibet

C

Chana Dordsche	(phyag-na rdo-rje)	: skr. Vajrapani
Chin Cheng		: Chin. Prinzessin, Gemahlin von König Titsuk Detsen
Cintamani, skr.		: Norbu; Wunschkleinod

D

Dakini, skr.		: s. Khandoma, Feen
Damaru, skr.		: s. Tschangte; Schädeltrommel
Darlog	(dar-lcog)	: Masten für Gebetswimpel
Demtschog	(bde-mchog)	: persönlicher Schutzgott
Derge	(sDe-dge)	: wörtl. "Tugendhaftes Glück"; Kloster und Stadt in Osttibet, heute Szetschuan
Deva, skr.		: s. Lha; Gott
Devi, skr.		: s. Lhamo; Göttin
Dharani, skr.		: Zauberformel
Dharma, skr.		: s. Tschoi; Lehre
Dharmapala, skr.		: s. Tschoitschong; Beschützer der Lehre
Dob-dob	(stobs-stobs)	: wörtl. "Kraft-Kraft" Mönchspolizist
Dö	(mdos)	: Geisterfalle
Dolma	(sGrol-ma)	: weibliche Gottheit, skr. Tara (herausragend die Weiße und Grüne Tara)

Dolmadschangmo	(sGrol-ma-ljang-mo)	: wörtl. "Grüne Ketzerin", grüne Tara
Dolmakarma	(sGrol-ma-dkar-mo)	: wörtl. "Weiße Ketzerin", weiße Tara
Dordsche, Dorje	(rdo-rje)	: Donnerkeil, skr. Vajra
Dordschithegpa	(rdo-rje-theg-pa)	: wörtl. "Edelstein-Fahrzeug", Diamantfahrzeug (Vajrayana)
Drepung, Depung	(Bras-spungs)	: wörtl. "Reishaufen", Kloster 6 km westlich von Lhasa
Drigung, Digung	(aBri-gun)	: Kloster, ca. 120 km nordöstlich von Lhasa
Drigunpa, Digunpa	(aBri-gun-pa)	: Rotmützensekte, die sich von der Kagyüpa abgespalten hat.
Drilbu, Dilbu	(dril-bu)	: Ritualglocke mit halbem Dordsche als Griff, skr. ghanta
Dronton, Donton	(aBrom'ston)	: Lehrer und Förderer der Kadampaschule (1005 - 1064)
Drukyul, Dukyul	(Brug-yul)	: "Land der Drachen", Bhutan
Drungstse	(drung-rtsis)	: Rat der Acht
Dschagar	(rGya-gar)	: wörtl. "Weiße Weltgegend", Indien
Dschalts'-an	(rgyal-mts'an)	: Siegesbanner (auf den Tempeldächern, oft als Metallzylinder und mit Schriften gefüllt)
Dschalwarinpotsche	(rGyal-ba-rin-po-c'e)	: wörtl. "Großes Siegerjuwel", Dalai Lama
Dschampai Dschang	(Jam-dpal dpyangs)	: wörtl. "Der Ruhmreiche", Bodhisattva Manjusri
Dschama	(Ja-ma)	: Teekoch
Dschanag	(rGya-nag)	: wörtl. "Schwarze Weltgegend", China
Dschampa	(Byams-pa)	: wörtl. "Der Liebevolle", Bodhisattva Maitreya (der Buddha des zukünftigen Weltzeitalters)
Dschingis Khan		: Mongolischer Herrscher (1162 - 1227)
Dscho	(Jo)	: Herr, Meister; gemeint ist meist Buddha
Dschokhang	(Jo-khang)	: "Kathedrale des Buddhismus" im Herzen Lhasas
Dschomolungma, Jomolungma	(Jo-mo-klungs-ma)	: wörtl. "Herrin über dem Lande", Mt.Everest
Dschud	(rGyud)	· wörtl. "Geflecht", Beschwörungs-oder Zauberformel, skr. Tantra
Düsüm Khyenpa	(Dus-gsum mk'yen-pa)	: Schüler Gampopas (1110 - 1193), Begründer der Inkarnationslinie der Karmapa
Dubtschen	(Grub-c'en)	: wörtl. "Großer Zauberer", großer Gelehrter, Weiser
Dukhang	(du-k'an)	: Versammlungshalle der Mönche im Kloster
Drukpa, Dukpa	(Brug-pa)	: wörtl. "Donnerer", Rotmützensekte
Dung	(dung)	: Muschelhorn
Dzong	(rDsong)	: befestigter Platz, Festung; heute noch ausgeprägt in Bhutan
Dzongpon	(rDsong-pon)	: Regierungsbeamter, der einem Kreis (Bezirk) vorsteht

G

Galdan	(dGa-ldan)	: wörtl. "Freudenfülle", Kloster,eine der 3 Säu-

		len des Staates, "Paradies der Bodhisattvas"
Gampopa	(sgam-po-pa)	: Schüler von Milarepa (1079 - 1153)
Gartok	(sGar-t'og)	: wörtl. "Höchstgelegenes Lager", Stadt in Westtibet
Gau	(ga'u)	: Amulett
Gedün Gyatso	(dge'-dun-rgya-mts'o)	: Zweiter Dalai Lama (rückwirkend ernannt)
Gedün Trubpa	(dge'dun-grub-pa)	: Neffe, Lieblingsschüler und Nachfolger Tsongkhapas, wird rückwirkend zum 1. Dalai Lama ernannt
Gelong	(dGe-slong)	: wörtl. "Tugendbettler", vollordinierter Mönch, Mindestalter für Ordination 20 J.
Gelugpa	(dGe-lugs-pa)	: wörtl. "der Tugendnorm zugetan", die Sekte der Tugendhaften, die reformierten Gelbmützen
Gendun	(dGe-'dun)	: wörtl. "Tugendverein", Mönchsgemeinschaft, skr. Sangha
Geshe	(dge-bshes)	: Doktor der geistigen Wissenschaften
Getsul	(dGe-ts'ul)	: wörtl. "Tugendbeobachtend", Novize
Ghanta, skr.		: s. Drilbu; Glocke
Gonkhang	(mgon K'an)	: Tempel der Schutzgottheiten (Dharmapalas)
Gonpa	(dGon-pa)	: Kloster; Vihara, skr.
Gonpo	(mGon-po)	: Dharmapala Mahakala, teils auch allg. für Gottheit
Guge	(Gu-ge)	: Großes Gebiet Westtibets
Guru, skr.		: Ehrwürdiger Meister, Lehrer
Gyalpo	(rGyal-po)	: König; in Tibet Regent bis zur Volljährigkeit eines Dalai Lamas, Reichsverweser aus geistlichem Stand
Gyantse	(rGyal-rtse)	: wörtl. "Siegreicher Gipfel", Stadt im Süden Tibets

H

Hayagriva		: s. Tamdin; Pferdeköpfiger Schutzgott
Himalaya, skr.		: "Wohnung des Schnees", "Wohnung der Kälte"

J

Ja	(ja)	: Tee
Jokhang, Dschokhang	(Jo-khang)	: wörtl. "Haus des Herren", Stadttempel von Lhasa
Julha	(Yul-lha)	: wörtl. "Landesgott", lokale Gottheit

K

Kabtschu	(dka-bcu)	: Gelehrtengrad
Kadampa	(bKa-gdams-pa)	: wörtl. "Die die Vorschriften zur strengen Richtschnur Nehmenden", teilreformierte Sekte
Kädubdsche	(mK'as-grub-rje)	: Schüler von Tsongkhapa
Kagyüpa	(bKa-brgyud-pa)	: wörtl. "Die der Überlieferung der Vorschrif-

		ten Folgenden"; Rotmützensekte
Kailas		: s. Kangrinpotsche; heiliger Berg
Kalön	(bKa-blon)	: Minister
Kalaca, skr.		: s. Bumpa; Weihwassergefäß
Kandschur	(bKa-'gyur)	: wörtl. "Vorschriftenübersetzung", Kanon buddh. Schriften
Kangling	(rKan-glin)	: Knochentrompete; einfaches Blasinstrument
Kangrinpotsche	(Gangs-rin-po-c'e)	: wörtl. "Großes Eisgewand", Kailas
Kapala, skr.		: s. Thodpa; Schädelschale
Karma, skr.		: s. Labrai; Kausalzusammenhang zwischen Tat und Wirkung
Karmapa Kschi	(Kar-ma-pa-ksi)	: der zweite Karmapa
Kartschag	(d'car-c'ag)	: schriftlich fixierter Klosterführer
Kashag	(bKa'shag)	: Ministerrat Tibets, direkt dem Dalai Lama unterstellt
Kham, Khamdo	(Khams-mdo)	: Osttibet; gehört heute zum größeren Teil zur chin. Provinz Szetschuan
Khampa	(Khams-pa)	: Bewohner Osttibets, reiner Tibeter
Khandoma	(mkha-'gros-ma)	: wörtl. "Die im Himmelsraum Wandelnde", Fee, Dakini
Khatak	(Kha-btags)	: Zeremonialschleife; Begrüßungsschärpe
Khawatschandschijul	(Kha-ba-can-gyi-yul)	: wörtl. "Schneeland"
Khenpo, Khanpo	(mKhan-po)	: "Lehrer", Abt oder gelehrter Lama
Kjangtschag	(rkyan-p'yag)	: Verehrung durch Niederwerfen
Korlam	(skor-lam)	: Rechtsläufiges Umgehen der Heiligtümer
Korlo	(k'or-lo)	: Rad, Symbol für das "Inbewegungbringen" der Lehre, Glückszeichen; skr. cakra
Korwa	('Khor-ba)	: Kreislauf; skr. samsara
Kubera, skr.		: Gott des Reichtums; die aus dem indischen Pantheon übernommene Gestalt Vaishravana
Kumbum	(sku-'bum)	: wörtl. "Hunderttausend Bilder", Kloster in Amdo, 30 km von Sining
Kunlun	(K'un-lun)	: Gebirge am Nordwestrand des tibetischen Hochlandblocks
Kyitschu	(sKyid-c'u)	: wörtl. "Glücksfluß", Nebenfluß des Tsangpo, an welchem die Hauptstadt Lhasa liegt

L

Labrai	(Las-'bras)	: Kausalzusammenhang zwischen Tat und Wirkung; skr. Karma
Labtscha, Latse	(la-rtse)	: wörtl. "Paßspitze", Steinhaufen auf Pässen; mong. Obo
Ladakh	(La-dvags)	: "Lichter Paß", Westtibet
Lama	(Bla-ma)	: wörtl. "Der Obere", allgemein für Mönch, richtig für den vollgeweihten Mönch als Meister
Lamaismus		: der tibetische Buddhismus
Langdarma	(glang-darma)	: Tibetischer König von 838-842; der "Böse König"
Lha	(lha)	: Gott, göttlich; skr. deva

Lhakhang	(lha-k'an)	: Tempel, Kapelle
Lhamayin	(lha-ma-yin)	: wörtl. "Nichtgötter", Titanen; eine der 6 Wesensklassen im tibetischen Buddhismus
Lhamo	(lha-mo)	: Göttin, skr. devi
Lhasa	(lha-sa)	: wörtl. "Platz der Götter", Hauptstadt Tibets
Linga, Lingam	(lin-ga)	: "Merkmal", "Geschlechtszeichen"; in Tibet die Teigfigur als Opfer
Lingkhor	(gling-khor)	: Äußerer Ritualweg Lhasas
Lobsang Chosgyal Gyatso	(Blo-bzang C'os kyi rgyal mts'an)	: 4. Pantschen Lama (1569-1662)
Lobsang Dschampal Gyatso	(Blo-bzang Jam-dpal rgya-ts'o)	: 8. Dalai Lama (1759 - 1804)
Lobsang Dschesei	(Blo-bzang ye-ses)	: 5. Pantschen Lama (1663-1737)
Lobsang Gemu Gyatso	(Blo-bzang mKhas-grub rgya-mts'o)	: 11. Dalai Lama (1838 - 1855)
Lobsang Kalsang Gyatso	(Blo-bzang skal-bzang rgya-mts'o)	: 7. Dalai Lama (1708 - 1758)
Lobsang Lungtog Gyatso	(Blo-bzang Lung-rtogs rgya-mts'o)	: 9. Dalai Lama (1805 - 1815)
Lobsang PaldenDschesei	(Blo-bzang dPal-ldan ye-ses)	: 6. Pantschen Lama (1737 - 1780)
Lobsang Tsangtschung Gyatso	(Blo-bzang Ts'angs-dbyangs rgya-mts'o)	: 6. Dalai Lama (1683 - 1706)
Lobsang Tsulthim Gyatso	(Blo-bzang Ts'ul-khrims rgya-mts'o)	: 10. Dalai Lama (1817 - 1838)
Losar	(Lo-gsar)	: Neujahr
Lungsed	(lHung-bzed)	: Almosenschale
Lungta	(rlung-rta)	: Windpferd
Lussar	(Klu-gsar)	: wörtl. "Junger Drache", Ort bei Kumbum

M

Mahakala, skr.		: Schutzgottheit, Dämonenfürst; gilt als eine Form des hinduistischen Shiva
Mahasiddha, skr.		: s. Dubtschen, großer Gelehrter, Weiser
Mahayana, skr.		: Buddhismus des großen Fahrzeugs
Mandala, skr.		: s. Tschilkor; mystischer Kreis
Manasarovar, skr.		: wörtl. "Der herrlichste See", s. Tsomodrolpa der heilige See in der Nähe des Kaiias
Mani	(ma-ni)	: Gebet
Manitschörkor	(ma-ni-chös-khor)	: Gebetszylinder
Manjusri, skr.		: Bodhisattva der Weisheit
Manikhang	(ma-ni-lha-k'an)	: Kleiner Schrein mit meist großen Gebetszylindern
Mantra, skr.		: s. Ngag; Zauberformel
Marpa		: Tibetischer Guru (1012-1098), Gründer der Kagyüpaschule
Marpori	(dMar-po ri)	: wörtl. "Roter Berg", auf dem der Potala errichtet wurde
Ma-tschu	(rMa-c'u)	: Hwangho, der "Gelbe Fluß"

Meru skr.		: s. Rirablhunpo; mystischer Weltberg
Milarepa	(Mi-la-ras-pa)	: wörtl. "Der Baumwollgekleidete", größter Dichter Tibets
Monlam	(sMon-lam)	: wörtl. "Wunschweg", Wunschgebet

N

Nagardschuna, skr.		: Begründer des Mahayanabuddhismus im 1. Jahrhundert nach Chr.
Nalanda, skr.		: berühmtes Kloster bei Buddhagaya in Indien
Naldschorpa	(rnal-'byor-pa)	: Asket, Weiser, Heiliger; skr. Yogi
Namtschuwangdan	(rNam-bcu-dbang-ldan)	: wörtl. "Zeichen der Zehn Mächtigen", Monogramm aus 7 ineinander verschlungenen Buchstaben sowie den Symbolen von Mond, Sonne und Flamme
Namtso	(gNam-mts'o)	: Himmelssee, etwa 150 km nördlich Lhasas
Naropa		: Tibetischer Guru, Schüler von Tilopa (1016 - 1100)
Narthang	(sNar-t'an)	: Kloster, 10 km südwestlich von Schigatse, berühmt wegen seiner Druckerei
Nawang Lobsang Gyatso	(rje Blo-bzang Ngag-dbang Thub-bsten 'Jigs-med)	: 5. Dalai Lama (1617 - ca. 1680)
Nawang Lobsang Tenzing Gyatso	(Ngag-dbang Blo-bzang bsTan-'dsin rgya-mts'o)	: 14. Dalai Lama geboren am 6.6.1935
Nawang Lobsang Thinla Gyatso	(Ngag-dbang Blo-bzang P'rin-las rgya-mts'o)	: 12. Dalai Lama (1856 - 1875)
Nawang Lobsang Thubten Gyatso	(Ngag-dbang Blo-bzang Thub-ldan rgym-mts'o)	: 13. Dalai Lama (1876 - 1933)
Netschung, Nätschung	(sNas-c'un)	: wörtl. "Wenig Raum"; Name des tibetischen Staatsorakels und seines Klosters, unweit von Lhasa
Ngag	(sNgags)	: wörtl. "Zauberformel", skr. mantra
Ngari	(mnga'ris)	: der heute noch zu Tibet gehörende Teil Westtibets
Nagtschuka	(Nag-c'u-k'a)	: Gebiet um den Nagtschufluß in Nordosttibet
Nirvana, skr.		: wörtl. "Das Verwehen, Erlöschen", Ziel des Buddhismus
Nor	(Ngor)	: Kloster etwa 50 km südlich von Schigatse
Norbu	(yid-bzin nor-bu)	: der alles erfüllende Edelstein, das Wunschkleinod; skr. cintamani
Norbulingka	(Nor-bu glin-ka)	: wörtl. "Edelsteininsel", die Sommerresidenz der Dalai Lamas, der Edelsteingarten
Nyingmapa	(rnying-ma-pa)	: Die Sekte der Alten (Nichtreformierten), Rotmützen

Ö

Öpame	('Od-dpang-med)	: wörtl. "Unermeßliches oder unendliches Licht", Dhyanibuddha, der sich im Pantschen Lama inkarniert; skr. Amitabha

P

Padma, skr.		: Lotos
Padmadschungnä	(Pad-ma-'byung-gnas)	: wörtl. "Der, dessen Wohnung der Lotos ist"; häufiger der "Lotosgeborene"; Tantriker Padmasambhava, der im 8. Jahrhundert in Tibet wirkte
Padmasambhava, skr.		: s. Padmaschungnä; der "Lotosgeborene".
Pagmotupa Pagmotrubpa	(P'ag-mo-gru-pa)	: Herrscherdynastie, deren Aufstieg Mitte des 14. Jahrhunderts begann
Palden Lhamo	(dpal-ldan lha-mo)	: Schutzgöttin Lhasas
Pantschenrinpotsche	(Pan-c'en-rin-po-c'e)	: wörtl. "Großes Lehrerjuwel", Pantschen Lama; in der Hierarchie der zweithöchste Würdenträger nach dem Dalai Lama
Pata, skr.		: s. Thangka; Rollbild
Pehar, Pekar	(dPe-dkar)	: Lokalgottheit, die durch das Staatsorakel spricht
Phagpa	(aP'-ags-pa)	: Neffe von Saskya-Pandit; erstes geistliches und weltliches Oberhaupt Tibets
Potala		: Residenz der Dalai Lamas
Prenba	(p'ren-ba)	: Gebetsschnur, Rosenkranz
Purbu	(P'ur-bu)	: Zauberdolch

R

Ralpatschan	(Ral-pa-ca'n)	: Tibetischer König (815-838), auch (K'ri-gtsug-lde-brtsan)
Ramotsche	(Ra-mo-c'e)	: "Großer Hof"; einer der ältesten Tempel Lhasas, um 640 errichtet
Rangtschung	(ran-bjan)	: wörtl. "selbst geschaffen"; für Dinge, "die aus sich selbst entstanden sind"
Reting	(rva-sreng)	: Kloster, etwa 100 km nördl. von Lhasa
Rigma		: Weibliche Kraft zur Ergänzung einer männlichen Gottheit, skr. shakti
Rinpotsche	(Rin-po-c'e)	: "Großes Juwel", Inkarnation (2. Ranges)
Rintschen	(rin-c'en)	: Schirm, das erste der acht Glückszeichen
Rintschen Tsangpo	(Rin-c'en-bzang-po)	: Bedeutender Übersetzer und Lehrer in Westtibet (958-1055), auf den zahlreiche Klostergründungen zurückgehen
Rirablhunpo	(Ri-rab lhun-po)	: Der mystische Weltberg im Zentrum der Erde: skr. Meru oder Sumeru
Ruthog	(Ru-thog)	: Gebiet in Westtibet

S

Sadag	(sa-bdag)	: Lokale Gottheiten; Erdgeister
Shakyamuni, skr.		: s. Shakyathubpa; der historische Buddha
Samsara, skr.		: s. Korwa; Kreislauf
Samye	(bSam-yas)	: wörtl. "Wohnung der Konzentration"; ältestes Kloster Tibets, cirka 770 n. Chr. gegründet, etwa 50 km südöstlich von Lhasa
Sangdsche	(Sangs-rgyas)	: wörtl. "Der durchaus Abgeklärte", Buddha

Sangha, skr.		: s. Gendun; Mönchsgemeinschaft
Santaraksita		: Indischer Patriarch, wirkte unter Tisong Detsen in Tibet
Saskyapa	(Sa-skya)	: wörtl. "Graue Erde", Rotmützensekte, gleichzeitig deren Hauptkloster südöstlich von Schigatse
Saskya Pandit/Sapan	(Kun-dga'rgyal-mts'-an)	: Saskyaabt mit weltlicher Macht
Schammer	(Zva-dmar)	: "Rotmütze".
Schigatse	(gZi-kha-rtse)	: wörtl. "Vier Gipfel", "Spitzen", zweitgrößte Stadt Tibets
Schindsche	(gSin-rje)	: Gesetzeskönig, der Gott der Toten; Schutzgottheit, skr. Yama
Schindsche sched	(gSin-rje-gsed)	: wörtl. "Das Urteil vollziehender Herr des Todes"; der Besieger des Todes, skr. Yamantaka
Schwaser	(Zva-ser)	: "Gelbmütze"
Senge Namgyal	(Sen-ge rNam-rgyal)	: Westtibetischer König
Sera	(Se-ra) theg-c'engling	: wörtl. "Wildrosenhof", Kloster nördlich von Lhasa
Serkan	(gSer-kan)	: Golddachtempel
Shakyathubpa	(Sa-Kya-thub-pa)	: wörtl. "Der Sakya-Mächtige", der historische Buddha; skr. Shakyamuni
Shakti		: s. Rigma; Weibliche Kraft zur Ergänzung einer männlichen Gottheit
Sining		: wörtl. "Westlicher Friede"; Stadt in der Provinz Amdo, heute in der chinesischen Provinz Tsinghai
Sonam Gyatso	(bSod-nams rgya-mts'o)	: Dritter Dalai Lama, erhält diesen Titel vom Mongolenfürsten Altan Khan
Sonam Tschoglang	(bSod-nams P'yogs-glang)	: wörtl. "Verdienst der Elefantengegend", zweiter Pantschen Lama
Sor	(Zor)	: Hohe, hohle Teigpyramide, in die vor deren Verbrennung das Böse gebannt wird
Srongtsan Gampo	(Srong-bsan-sgam-po)	: wörtl. "Von gerad-tiefer Einsicht", König im 7. Jahrhundert
Stupa, skr.		: s. Tschörten; Reliquienschrein

T

Takla-makan		: Wüste im Tarimbecken, nördlich von Tibet
Taktser		: Kleiner Ort in der Nähe Sinings, Geburtsort des 14. Dalai Lama
Tamdin	(rTa-mgrin)	: Pferdenackiger Gott; skr. Hayagriva
Tandschur	(bsTan-'gyur)	: wörtl. "Lehrübersetzung", Kommentare
Tantra, skr.		: s. Dschud; Beschwörungsformel
Tantrischer Buddhismus		: Mahayanabuddhismus in der tibetischen Ausformung mit Zauberriten, Magie und Yoga
Tashi Lhunpo	(bkras-sis-lhun-po)	: wörtl. "Segensberg"
Thab-khang	(t'ab-k'an)	: wörtl. "Haus des Kessels", Küche
Thangka	(t-an-ka)	: wörtl. "Was man aufrollt"; Rollbild; skr, pata
Thodpa	(t'od-pa)	: Schädelschale; skr. kapala

Tholing		: Kloster im westtibetischen Guge
Thonmi Sambhota	(T'on-mi-sam-bho-ta)	: Tibetischer Minister unter Srongtsan Gampo
Thulnang	(aP'rul-snam)	: Tempel in Lhasa, auf Veranlassung von Prinzessin Bhrikuti erbaut
Tibet		: aus dem mongolischen Tubet oder Töböt
Tilopa, skr.		: Indischer Lehrer (988-1069), der als Guru in Tibet wirkte
Tise	(Ti-se)	: der heilige Berg Kailas
Tisong Detsen	(K'ri-srong-lde-btsan)	: Tibetischer König (755 - 797)
Titsuk Detsen	(K'ri-gtsun-lde-btsan)	: Tibetischer König (704 - 755)
Torma	(gtor-ma)	: Ritualkuchen aus Butter, Gerstenmehl, Honig oder Zucker
Trakhang	(grwa-k'an)	: Schulhaus, Mönchshaus
Trapa	(Grva-pa)	: wörtl. "Schüler", Mönchsanwärter
Tsamba	(rtsam-pa)	: Geröstetes Gerstenmehl, Hauptnahrung der Tibeter
Tsang	(gTsang)	: wörtl. "Die Reine", westliche Provinz in Tibet
Tsangpa	(gTsang-pa)	: Südtibetischer König, 17. Jahrhundert
Tsangpotschu	(gTsang-po-c'u)	: wörtl. "Der reine Fluß", Name des Brahmaputra in Tibet
Tsaparang		: Kloster im westtibetischen Guge
Tsa-tsa	(c'a-c'a)	: Kleine Votivreliefs und Figuren aus Lehm
Tschagdordsche	(P'yag-dor-rje)	: wörtl. "Der Donnerkeiltragende"; skr. Vajrapani
Tschagpori	(lcags-po-ri)	: wörtl. "Eisenberg", der Fels gegenüber dem Potala, auf welchem die Medizinschule stand.
Tscham	(C-am)	: Maskentanz, Tanz
Tschamdo	(C'ab-mdo)	: wörtl. "Wassergegend", Stadt in Osttibet
Tschamkhang	(C'am-k'an)	: Tempel, der als Garderobe bei den Tschamtänzen dient
Tschamsrin	(lcam-sring)	: Kriegsgott Begtse
Tschang-tang, Yangtang	(Byan-t'an)	: wörtl. "Nördliche Hochebene", die nördlichen Steppen Tibets
Tschangte	(Cang-te)	: Schädeltrommel, auch Trommel; skr. damaru
Tschenresi	(sPyan-ras-gzigs)	: wörtl. "Der mit den Augen Schauende", Bodhisattva Avalokiteshvara, im Dalai Lama inkarniert, Schutzgott Tibets
Tschepame	(tshe-dpag-mud)	: Buddha des "grenzenlosen Lebens", skr. Amitayus
Tschuba		: Das mantelartige Hauptbekleidungsstück aller Tibeter
Tschilkor	(dKjil'khor)	: Mystischer Kreis, Mandala
Tschitipati, skr.		: Herren des Leichenackers
Tschörten	(mc'od-rten)	: wörtl. "Opferbehälter", Reliquienschrein; skr. stupa
Tschoi	(C-os)	: Lehre, skr. dharma
Tschoilug	(C'os-lugs)	: wörtl. "Gesetzesrichtung", Sekte
Tschoitschong	(C'os-skyong)	: Gesetzeshüter, Beschützer der Lehre; skr. dharmapala
Tsedrung	(rtse-drung)	: Mönchsbeamter
Tsinghai		: chin.: "Blaues Meer", der Kukunor, heute

		chinesische Provinz
Tsomadroipa	(mTs'o-ma-dros-pa)	: wörtl. "Der nicht warm wird", der heilige See Manasarovar in der Nähe des Kailas
Tsongkhapa	(bTsong-Kh'a-pa (Blo-gros graps-pa)	: wörtl. "Der Mann aus dem Zwiebeltal", der große Reformator und Gründer der Gelugpa
Tsongdü	(tschongs-'du)	: Nationalversammlung Tibets, auch Generalversammlung genannt
Tsongombo	(mTs'o-sngo-bo)	: wörtl. Blauer See, Kukunor, Tsinghai
Tsug-Lag Khang	(gtsug-lag-k'an)	: Götterversammlungshalle, Haupttempel, allgemein für den Stadttempel in Lhasa: Jokhang
Tsurphu	(mtshur-phu)	: Kloster, etwa 60 km nordwestlich von Lhasa
Tulku	(sPrul-sku)	: wörtl. "Magischer Leib", Inkarnation (ersten Ranges)
Tusita, skr.		: s. Galdan; Paradies der Bodhisattvas

V

Vajra, skr.		: s. Dordsche; Donnerkeil
Vajrapani, skr.		: s. Tschagdordsche
Vihara, skr.		: s. Gonpa, Kloster

W

Wen Cheng		: Chinesische Prinzessin, Gemahlin von Srongtsan Gampo

Y

Yab-Yum		: Symbol für die höchste Kraft in der Vereinigung des männlichen und weiblichen Prinzips, (Gottheiten in Vereinigung mit ihrer Shakti dargestellt)
Yak	(Yag)	: Grunzochse
Yama, skr.		: s. Schindsche; Todesgott
Yamantaka, skr.		: s. Schindsche-sched; Bändiger des Totengottes Yama
Yang-tang, Tschang-tang		: wörtl. "Nördliche Hochebene", die nördlichen Steppen Tibets
Yidam		: persönliche Schutzgottheit
Yogin, skr.		: s. Naldschorpa; Asket, Weiser
Yontan Gyatso	(Yon'tan rgya-mts'o)	: 4. Dalai Lama (1589-1617)

Z

Zaidam/Tsaidam	(Ts'wai-'dam)	: wörtl. "Salzsumpf", Tsaidam

Quellen und Literaturangaben

Adam, Leonhard:	Hochasiatische Kunst, Stuttgart 1923
Andrutsang, Gompo T.:	Four Rivers and Six Ranges, Dharamsala 1973
Arnold, P.:	Unter tibetischen Lamas, Chronik einer geistigen Erfahrung, Berlin 1971
Bhanja, K.C.:	Mystic Tibet and The Himalaya, Darjeeling, 1948
Baumhauer, Otto (Hrsg.):	Tibet und Zentralasien, Dokumente zur Entdeckungsgeschichte, Stuttgart 1965
Bell, Charles:	Tibet einst und jetzt, Leipzig 1925
Bell, Charles:	The Peoples of Tibet, Oxford 1928
Bell, Charles:	The Portrait of the Dalai Lama, Oxford 1968
Brauen, Martin:	Heinrich Harrers Impressionen aus Tibet, Innsbruck/Frankfurt 1974
Bleichsteiner, Robert:	Die Gelbe Kirche, Entstehung, Geschichte, Kultur, Wien 1937
Bose, S.C.:	Geography of the Himalaya, New Delhi 1972
Brauen, Martin:	Heinrich Harrers Impressionen aus Tibet, Innsbruck/Frankfurt 1974
Burang, Th.:	Tibetische Heilkunde, Zürich 1974
Burman, Bina Roy :	Religion and Politics in Tibet, New Delhi 1979
Dalai Lama:	Mein Leben und mein Volk, Zürich 1962
Dalai Lama:	Das Auge der Weisheit, Berlin 1975
Das, Sri Sarat Chandra:	Indian Pandits in the Land of Snow, 1.Aufl. 1893 Reprint New Delhi. 1978
David-Neel, Alexandra:	Heilige und Hexer, Glaube und Aberglaube im Lande des Lamaismus, Leipzig 1931, neue Ausgabe: Wiesbaden 1981
David-Neel, Alexandra:	Meister und Schüler, Leipzig 1934
David-Neel, Alexandra:	Altes Tibet, Neues China, Wiesbaden 1955
David-Neel, Alexandra:	Der Weg zur Erleuchtung, Stuttgart 1960
David-Neel, Alexandra:	Leben in Tibet, Basel 1976
Evants-Wentz, W.Y.:	Milarepa – Tibets großer Yogi, Weilheim 1971
Filchner, Wilhelm:	Das Kloster Kumbum in Tibet, Berlin 1906
Filchner, Wilhelm:	Wetterleuchten im Osten, Berlin 1906
Filchner, Wilhelm:	Kumbum Dschamba Ling, Leipzig 1935
Filchner, Wilhelm:	Om mani Padme hum, Leipzig 1929
Francke, Hermann A.:	Geistesleben in Tibet, Gütersloh 1925
Genschow, G.:	Unter Chinesen und Tibetanern, Rostock 1905
Gerner, W. und M.:	Hemisfest, Tibetische Tschammysterien, Stuttgart 1978
Getty, Alice:	The Gods of Northern Buddhism, Oxford 1928, Nachdruck 1963
Gordon, Antoinette:	The Iconography of Tibetan Lamaism, New York, 1967
Govinda, Lama Anagarika:	Der Weg der weißen Wolken, Bern 1966
Grünwedel, Albert:	Die Mythologie des Buddhismus in Tibet und der Mongolei, Leipzig 1900
Hackmann, H.:	Vom Omi bis Bhamo, Berlin 1907
Han Suyin:	Chinas Sonne über Lhasa, Bern und München 1978
Harrer, Heinrich:	Sieben Jahre in Tibet, Berlin 1976
Hedin, Sven:	Eroberungszüge in Tibet, Leipzig 1941
Hedin, Sven:	Transhimalaja, Vierte Auflage, Wiesbaden 1975
Hedin, Sven:	Wildes heiliges Tibet, Stuttgart 1971
Hermanns, Matthias:	Die Nomaden von Tibet, Wien 1949
Hoffmann, Helmut:	Quellen zur Geschichte der tibetischen Bon-Religion, Mainz 1950
Hoffmann, Helmut:	Die Religionen Tibets, Freiburg 1956
Hoffmann, Helmut:	Symbolik der tibetischen Religion und des Schamanismus, Stuttgart 1967
Hugh, Richard E.:	Tibet and its History, London 1962
Hummel, S.:	Die lamaistische Kunst in der Umwelt von Tibet, Leipzig 1955

Hummel, S.:	Geheimnisse tibetischer Malereien, Forschungen zur Völkerpyramide Zentral- und Ostasiens, Leipzig 1949
Hummel, S.:	Elemente der tibetischen Kunst, Leipzig 1949
Hummel, S.:	Geschichte der tibetischen Kunst, Leipzig 1953
Huthusing, Raja:	Tibet Fights for Freedom, Bombay 1960
Karmay, Heather:	Ancient Sino-Tibetan Art, Warminster 1975
Landor, Henry:	Auf verbotenen Wegen, Leipzig 1898
Lauf, Detlef:	Das Erbe Tibets, Bern 1972
Lauf, Detlef:	Verborgene Botschaft tibetischer Thangkas, Freiburg 1976
Lauf, Detlef:	Geheimlehren tibetischer Totenbücher, Freiburg 1977
Leder, Hans:	Das geheimnisvolle Tibet, Leipzig 1909
Mele, Pietro Francesco:	Tibet, Calcutta 1975
Nebesky-Woikowitz, René de	Oracles and Demons of Tibet, Neudruck, Graz 1975
Nicolson, Nigel:	Der Himalaya, Amsterdam 1975
Norbu, Thubten Jigme; Turmbull, Colin, M.:	Mein Tibet, Wiesbaden 1971
Olschak, Blanche C. und Geshé Thubten Wangyal:	Mystik und Kunst Alttibets, Bonn 1972
Paljor, Kunjang	Tibet, The Undying Flame, Dharamsala 1977
Pander, E.:	Geschichte des Lamaismus
Patterson, C.N.:	Tibetan Journey, London 1952
Peissel, Michel:	Die Chinesen sind da, Wien 1973
Pott, Pieter H.:	Tibet, in: Burma, Korea, Tibet, Kunst der Welt, Baden-Baden 1964
Ribbach, S.H.:	Drogpa Namgyal, München 1940
Rijnhart, Susan C.:	Wanderungen in Tibet, Stuttgart 1904
Roerich, G.:	Tibetan Paintings, Paris 1925
Schäfer, Ernst:	Unbekanntes Tibet, Berlin 1937
Schäfer, Ernst:	Dach der Erde, Berlin 1938
Schäfer, Ernst:	Über den Himalaja ins Land der Götter, Braunschweig
Schiel, R.:	Hochzeit in Tibet, Wuppertal 1965
Schlaginweit, Ernst:	Buddhism in Tibet, London 1868
Schüttler, Günter:	Die letzten tibetischen Orakelpriester, Wiesbaden 1971
Schulemann, Günther:	Geschichte der Dalai Lamas, Leipzig 1958
Sinha, N.C.:	An Introduction to the History and Religion of Tibet, Calcutta 1975
Snellgrove, David L. and Richardson, H.E.:	A Cultural History of Tibet, London 1968
Snellgrove, David L. (Hrsg.):	The Image of the Buddha, Paris 1978
Stötzner, W.:	Ins unerforschte Tibet, Leipzig 1924
Tafel, Albert:	Meine Tibetreise, Stuttgart 1914
Taring, J. Zasak:	Lhasa Tsug-Lag Khang Gi Sata and Karchag, Rajpur
Taring, Rinchen Dolma:	Eine Tochter Tibets, Hamburg 1972
Teichmann, Eric:	Travels of a Consular Officer in Eastern Tibet, Cambridge 1922
Tucci, Giuseppe:	Tibetan Painted Scrolls, 3 Bände, Rome 1949
Tucci, G. und Heissig, W.:	Die Religionen Tibets und der Mongolei, in: Religionen der Menschheit, Stuttgart 1970
Tucci, Giuseppe:	Geheimnis des Mandala, Weilheim 1972
Tucci, Giuseppe:	Tibet, in: Archaeologia Mundi, Genf 1973
Tucci, Giuseppe:	Tibet, Land of Snows, London 1967
Waddell, Austine L.:	Buddhism and Lamaism of Tibet, Neudruck, New Delhi 1974